移民の
まちで
暮らす

カナダ
マルチカルチュラリズム
の試み

篠原ちえみ著

社会評論社

『移民のまちで暮らす』によせて

鹿毛《かげ》　達雄《たつお》

　ここカナダの大都市では様々な背景を持つ人が一緒に暮らしている。我が家はバンクーバーの平均的な住宅街にあるが、向こう三軒両隣にはイギリス系のほかドイツ系、中国系、インド系、韓国系、日系と様々で、日常的にマルチカルチュラリズムの中に暮らしていると言えるかもしれない。しかし様々な民族的背景をもつ人びとが平等の権利を持っていて共存するのが当然として一般に受け入れられるようになったのはそれほど昔のことではない。

　北米には専門家が「文化的絶滅」政策と呼んでいる開闢以来の先住諸民族に対する抑圧

がある。選挙権が認められないなど日系移住者を含めてアジア系住民に対する差別にも半世紀以上の歴史があった。個人の尊厳や自由を基本原則とする民主主義の下で、その原則を維持しながら社会的不平等を是正するよう配慮されなければならないが、そこでは文化や言語の伝統維持を含めた少数民族の集団的権利の擁護も可能だろうか。

マルチカルチュラリズムの実験はそれにたいする答えの一つである。これがカナダ国政の基本方針として導入されたのは三十年あまり前のこと、連邦制度を採るカナダでは、一般市民へのサービスには州政府のかかわる部分が多いから、州のレベルでもマルチカルチュラリズム担当の役所を設けて政策の具体化が行われて久しい。ここブリティッシュ・コロンビア州でも移住者のための多言語によるサービスやプロジェクトへの援助、少数民族、女性、先住民の公務員などへの雇用促進、さらに人権擁護や人種差別撤廃のための活動などが行われてきた。そうした施策を通じて、移住者や難民を含めた少数者がカナダ社会の中で安定した地位を得、文化的伝統を維持しながら、全体社会への統合が可能になるよう期待されてきたのである。主として少数民族グループの代表からなる「多文化主義審議会」も設けられ、政府の施策に対する民間からの助言も行われてきた。

ところが最近、このマルチカルチュラリズムには今までにない重大なチャレンジが訪れている。たとえばブリティッシュ・コロンビア州の自由党政権のもとですべてのサービスが削減され、多文化主義審議会などどこかに吹き飛んでしまったようだ。能率の向上を理由に州人権擁護局も縮小され、被害者への法的援助も事実上なくなり、言語能力が不充分な移住者を含めて一般庶民には苦情申し立てがきわめて困難になった。州政府にとっては、取り扱い件数が極端に少なくなれば、事件処理の日数が短縮され、「能率向上」が実現したと主張するのは容易だろう。州の人権擁護は二十年前に逆戻りといわれている。

ここカナダでも「テロリズムに対する戦争」を理由に有色少数民族、とくにイスラム系、アラブ系市民が疑いの目で見られ、外国旅行からの帰国時に入国管理官から厳しい取り調べを受ける傾向がある。アフリカ系、アジア系市民への影響の拡大も目に見えている。自国民である日系カナダ人が「敵性外国人」とみなされた一九四〇年代の事態が想起される。日系カナダ人の場合、連邦政府多文化主義担当省との数年にわたる交渉の結果、一九八八年に補償を獲得した。強制移動、収容、財産没収など大戦中の不当な政策が良識あるカナダ人コミュニティの支持と協力を得て是正されたのである。

平和と繁栄の時代に当然と認められている民主主義の諸原則の遵守は、戦争と経済的不況の時代には「贅沢」として、少なくとも一時期は断念しなければならないものなのだろうか。緊急時に権利侵害があったとしても、後日「適当な補償」が行われるならそれでいいではないか、という考えが施政者の間にある。そのような危険な傾向にたいする警戒を怠ってはならないだろう。

本書の筆者、篠原ちえみさんとともにカナダで少数民族が築いてきた地位を、そしてそれを可能にしたマルチカルチュラリズムをこれからも断固として守っていかなければならないと思っている。そして日本の読者には国内の少数者、少数民族の権利擁護の手がかりとして本書を利用していただけるものと期待している。

二〇〇三年四月、カナダ、バンクーバーにて記す。

＊目次

序章

カナダの社会を最もよく表す「モザイク」という言葉は、カナダ人の誇りである。現在、全人口の一七%が移民によって成り立つカナダが、「メルティングポット」ではなく「モザイク」社会を選んだのは一九八八年、マルチカルチュラリズム（多文化主義）法制定の際であった。これ以降、カナダはややもすると同一視されがちなアメリカとの違いを、根本的な社会構造の違いとして呈示したのであった。

モザイク社会では、異なる部分が集まってひとつの全体を形成しているが、それぞれの部分は全体に同化されることがない。「異なる部分」とは、宗教や言語、文化などによって区別される民族グループを、「ひとつの全体」とはカナダという国を指す。そんな社会の実現を政策として打ち出したカナダ政府は、以来、移民や市民に対して「ひとつの文化的アイデンティティ」を強制することなく、それぞれの文化の保存を奨励しながら、各文化間の交流を促進している。世界で例を見ないこの新しい試みは「マルチカルチュラリズムの実験」と呼ばれ、専門家たちはこの実験の動向を見守っている。

三年前、landed immigrant（移民）として私がやってきたトロントは、カナダが受け入れる全移民のうち三分の一が暮らすマルチカルチュラリズムの実験場であった。トロントでは、住民の半数が市民権を持たない移民であると言われる。好むと好まざるとにかかわらず、ここでは誰もが実験の参加者である。

はじめて地下鉄を利用した日、マルチカルチュラリズムの現実を前にしてカルチャーショックを受けた。車両内に目をやると、ヨーロッパ系白人、アフリカ系黒人、ヒスパニック系、アジア人、ターバンやキッパ（ユダヤ人の帽子）、サリーなどが混在し、英語のほかにも耳慣れない言葉が聞こえてくる。車内に世界が凝縮されたような感じだった。しばらくすると、私の隣に二人の女性が乗りこんできた。一人はアジア系、もう一人はカリビア系黒人で年齢は四十代ぐらい。二人は、それぞれ異なるアクセントの英語で、遅刻をした時の会社の対応について文句を言ったあと、やがて会話は子育ての話へと移っていった。お互いが第二外国語でコミュニケーションするという風景は、トロントでは何も珍しくはない。

あのとき、さまざまな文化バックグラウンドをもつ人たちが、同じ車両のなかに隣り合って座っている風景は、何かとても新鮮で平和的に見えた。そして、その光景は今でも私の胸を驚きと感動で打つ。

日本で移民賛成論といえば、労働力や人口の維持といった統計的な理由ばかりが目につき、移民反対論では「異民」に対する感情的意見が大半を占めている。私自身、移民を受け入れた社会がどのようなものになるのか見当もつかなかった。カナダで暮らしはじめると、多くの移民を抱える社会の実態を見ることができたが、その際、カナダの社会はマルチカルチュラリズム政策抜きにしては語れないということも学んだ。カナダ社会が、同じ移民国家のアメリカ社会やヨーロッパのドイツやフランスと異なる点は、この政策に理由があるということも知った。

移民人口の多いカナダで、ヨーロッパ諸国やアメリカのような目立った移民排斥の動きが見られないのはなぜだろう。移民を受け入れることによって、カナダ社会はどのような恩恵を受けているのだろう。人種や信条、文化や習慣の異なる人々がひとつの国の枠内で暮らすとしたら、どんな問題が起こるのだろう。また、どんな利点があるのだろう。そして、こうした問題はマルチカルチュラリズム政策とどう関連しているのだろう。そうした疑問に対する答えを、実験の参加者として日常生活のなかに見出すことができるのではないか。そんな直感が出発点となって、このエッセーが生まれた。

先進国にとって、移民の受け入れは避けては通れない問題である。移民受け入れの是非を議論していたヨーロッパ各国でも、すでにどういった方法で移民を受け入れるかに問題の焦点が移っている。社会のなかで暮らす人たちが変化すれば、社会のシステムやその基盤そのものが受容を被る。いったい、移民を受け入れる国にとってどんな社会構造がベストなのか。「マルチカルチュラリズム（多文化主義）」は、その問いに対するカナダの答えである。異なる文化や価値観をもった人たちが社会において平和に、そして豊かに暮らすためには、まずは人種や民族、文化的バックグラウンドにかかわらず、あらゆる市民の人権や自由を保障する必要がある。その意味でも、マルチカルチュラリズムという考え方は、人権に基礎を置く民主主義の実現に向けたプロセスそのものでもあるといえる。カナダのマルチカルチュラリズムが、社会正義とよりよい市民社会を目指す動きとつねに連動している理由はこのためであろう。

このエッセーのなかで繰り返し述べることになるが、マルチカルチュラリズムの実験に完璧な成功などありえない。それは、国家が完璧な社会を実現できないのと同様の理由からである。この実験は、むしろ抗争や対立を調停し、そのなかからよりよい道を探っていくというプロセスの繰り返しと言えよう。

二〇〇二年九月現在、私はカナダ在住四年目をむかえている。一般的に言って、この時期は多くの移民にとって、部外者からカナダ社会の一員として意識が変化する時期にあたる。具体的に言えば、母国へのホームシックや母国の美化の時期を経て、カナダ社会に興味を持ち、カナダ文化を受容し始める。この時期、私はどちらの社会に根をおろすこともなく、カナダ社会と日本社会を驚くほど客観的に見ていることに気が付いた。世界中の国国、そして個人が、カナダの実験の成功、失敗から学び取るべき点は多い。ここに、世界各地の民族紛争の縮図を見ることもできるし、グローバライゼーションの現実を見ることもできる。一方では、「異なるものとの共存」という抗争を回避するためのカギを探し出すこともできるだろう。マルチカルチャー社会に暮らす移民の一人として、この実験のプロセスを少しでも鮮明に伝えられたらと願っている。

近代国家システムが確立して以来、世界ではじめてマルチカルチュラリズムというアイデアを提案し、国全体でこの実験に取り組むカナダという国の勇気、そしてそれを支える小さなエスニック・コミュニティや市民社会の活動に敬意を表して、このエッセーを書き始めたいと思う。

第I章　移民とカナダ人を隔てる距離

アメリカのメルティングポット社会に比べると、カナダのモザイク社会は移民に対して寛容であると言われる。たしかに、さまざまなマイノリティ・グループの暮らすトロントでは、メインストリームへの同化を押しつける強制力はほとんどないと言ってよく、ビジブル・マイノリティ（有色・少数民族）の私たちは自分たちのあるべき姿で安全に暮らすことができる。

その一方で、移民とカナダ生まれのカナダ人との間には大きなギャップがあることも事実である。この章では、そのギャップについて、また、移民がカナダ社会へ溶け込むプロセス、「文化適応」、「文化受容」について私自身の経験を通して考えてみたい。

移民の前に立ちはだかる壁

トロントにやって来てしばらく、カナダ生まれの夫の友達（カナダ生まれのカナダ人）に会うと決まって「カナダはどう？」と尋ねられた。

「日本と比べてカナダは住みやすい？」

「冬は寒過ぎない？」

「物価はやはり日本の方が高い？」

同じような質問に対して、いつも同じような答えを返した。しかし、こうした「外国人との会話」に尽きると、私たちは向かい合ったまま、居心地の悪い沈黙を味わった。運よく会話が続いても、話が表面ばかりを滑り、いつまで経っても会話の醍醐味である深みにまで落ちて行かないため苛々することもしばしばだった。カナダ人に向かうと、私は何を話していいのかわからず途方に暮れ、相手も何を話してよいのやら見当がつかない様子だった。

最初は私の英語が不充分なせいだと思っていたが、どうも、原因はそれだけではないと気付いた。パーティーなどで観察してみると、仕事、映画やベストセラー、テレビ番組や政治に関する話題が大部分を占めているようだった。しかし、カナダに来て間もないころは、こうした話題にはまったく興味が持てなかった。

まず、私の日々考えたり感じたりしていたことは、移民として（外国人旅行者としてではなく）カナダに暮らす上での驚きや戸惑い、そして特に困難であった。しかし、私には以前の苦い経験が心の片隅にひっかかっていた。

トロントに来てほんの数ヶ月しか経っていない頃、夫の友人に移民としての苦労を話したが、相手の無関心な態度は明白だった。彼女は特別冷たい人というわけではない。ただ、カナダ生まれの彼女にしてみれば、移民の話を聞いてもピンとこなかったのであろう。

さらに、私の方ではカナダのメインストリームの文化を理解していなかった。メインストリームの文化とは、カナダで流行っている映画や本、テレビ番組、カナダ国内政治や国内情勢などの総称である。来て間もない私の頭のなかは、今だに日本文化に満たされており、カナダ人と話をする際にそれが邪魔になった。

それが、カナダ人との間のギャップを実感した最初の経験だった。

よく考えてみれば、当初、私にとって友達といったら移民ばかりであった。移民同士だと話がスムースに進んだ。お互いに英語のネイティブスピーカーでないため、時折会話がたどたどしくなることもあったが、それでも共通の話題には困らなかった。出身国に関係なく、移民としての経験を語ると、私たちは同じ驚きを共有し、同じ問題に悩み、同じ痛みを味わうことができた。仲良くなったペルー出身のホセとは、コーヒー一杯でカナダの悪口を言いあい、新しい土地で生活を始める苦労を何時間でも話したものだ。

近所のアンティークショップを経営する移民のマリアは、私の顔を見ると、「最近はどう?」と今でも尋ねてくれる。グアテマラ出身の彼女は、トロントに来て間もない私の精神的な支えになってくれた人である。彼女は、「トロントに暮らすことはどんなに大変か」を切々と訴える私の手を取って、その大きな胸に抱いてくれ、

「これは移民みんなが通る道なの。私にもできたんだから、あなたにできないはずがないでしょう」

と言ってくれた。コソボ難民のミモザは、泣き言を言う私に濃いコーヒーを差し出しなが

ら心から優しい言葉をかけてくれた。私たち移民は、ホームシックをなぐさめあいながら、この新しい地で何ができるか、どうやって仕事を探すか、どうやって車の免許を取るか、歯の治療は保険でカバーされるのか、市が主催する英会話学校はどこにあるのか、といった実際的な情報交換から、カナダ政府の移民への対応に対する批判までさまざまなことを話し合った。

こうした会話はカナダ生まれの人たちとはできなかった。夫は友達ができるようにと思って自分の友人を次々と紹介してくれたが、同じような話題について彼らに話そうとは思わなかった。彼らがこんな話題に興味があるはずはない。それに、カナダという国に批判的なコメントをすれば、彼らだっていい気持ちはしないだろう。一方では、経験していないとわかってはもらえない、そうした意識もあった。生活における関心事や共有できる経験が異なっているという意味でも、移民の私たちとカナダ生まれのカナダ人との間には高い壁が立ちはだかっている、といっていいだろう。同じように英語を話しても、共有できる経験がなければ話も続かない。もちろん、この壁はイデオロギーの壁に比べれば決定的というわけではない。しかし、移民の私たちにはお互いによる歩み寄りは期待できない。壁を取り払うには、移民の方からメインストリーム文化に近づくよりほかない。そのことは、カナダ生まれのカナダ人たちが共有している歴史や価値を含む「文化」を知ること、つまり「文化適応*」と呼ばれる。文化適応とは、移民（マイノリティ）がメインストリームの文化（マジョリティ）に適応することで、その逆では決してない。

カナダのマルチカルチュラリズム政策とは

「文化適応」は、たとえば新聞を読んだりカナダ人作家の本を読んだり、同じテレビ番組を見るなかでカナダについての知識を得、マジョリティとなるカナダ人の価値観を共有する（または少なくとも知る）ことを意味する。これは英語ができる、できないの問題ではない。また、一部の人たちが言うように、同一の宗教を信仰し、同一の言語を話し、「彼ら」と同一になることではない。（カナダ生まれの）カナダ人との間の壁を取り払うためには、この文化適応は必至である。

その意味では、私が「カナダ人の無関心」を責めることはフェアではなく、こちらこそカナダのメインストリーム文化や価値観を知る努力をすべきであったのだ。これは、どんな国に行っても、移民として暮らそうとするなら、誰もが覚えておかなければならないルールである。

ただし、カナダではこのルールが移民に対してそれほど明白になっているわけではない。その証拠に、カナダ社会のなかに移民の文化適応を強要するような圧力はまったく存在しない一方で、移民の側にも文化適応を急ごうとする態度はあまり見られない。その理由はマルチカルチュラリズム政策にあるといえる。当然、賛否は両論。移民の側からも、カナダ人の側からもマルチカルチュラリズム政策についてのさまざまな意見が聞かれる。

毎年七月一日、カナダ独立記念日「カナダ・デー」には、カナダについてのさまざまな統計が紙上に現われ、今日のカナダを概観することができる。人口や出生率、移民の占める割合、教育や経済動向などが主であるが、カナダの全国紙 The Globe and Mail には、

＊社会学では、assimilation（同化）という言葉を、国家や特定のグループが異なる文化を持つものを統合しようと意図する意味で使うようである。カナダのマルチカルチュラリズムの場合は、acculturation（文化受容、または文化適応）が近いとされている。

「カナダ・デークイズ」の結果が発表される。このテストは、ランダムに選んだ国民にカナダの文化や歴史について問うテストで、カナダの歴史や文化、政治体制についての質問が並ぶ。たとえば、初代の首相は誰か（答＝ジョン・A・マクドナルド）、建国の年度（答＝一八六七年）、カナダ初の宇宙飛行士は誰か（答＝マーク・ガーノー）、カナダの政治形態（答＝立憲君主制）など。その結果が示しているのは、いかに多くのカナダ人が自国の歴史や文化について無知であるか、という事実である。同時にそのことは、移民がカナダのメインストリーム文化にいかに溶け込んでいないかについての事実を露呈している。新聞のコラムのなかには、カナダのパスポートを持っていても、あるいは選挙権を持っていても、実際にはカナダの歴史や文化について無知である、そうした移民たち、元移民のカナダ市民が増えている現実を指摘する論調も見られる。そして、その原因はマルチカルチュラリズム政策にあるのではないか、と問いかける。

マルチカルチュラリズム政策とは、カナダが異なる文化バックグラウンドを持つ国民によって成り立つことを公式に認め、それを国家のアイデンティティとして国内外に示した画期的な政策である。その主眼を簡単に言うならば、

(1) カナダの文化的多様性を保存し、

(2) カナダ人の間の異文化への理解を促進すること、
(3) 同時に人種差別に対して厳しい態度を取り、
(4) 一世の移民をカナダ国民として統合（integrate）すること
である。*

この政策の一貫として、移民向けプログラムや語学クラスなどがカナダ各地に設置されている。さまざまなレベルの語学クラス、仕事の見つけ方や履歴書の書き方を教えてくれる職業斡旋センターや就職情報センター、異文化適応へのカウンセリングなど、新しい生活を始める上で必要なサポートを無料で提供している。

また、マイノリティの宗教、言語、文化の保存や促進に寄与するような活動には、政府は助成金を提供する。たとえばトロントで日本語の新聞を発行したい場合、政府のオフィスに申請し、要件を満たしていれば、審査の後に助成金がもらえる。なぜなら、それは日本語、日系コミュニティの保存というマルチカルチュラリズム政策の主眼に適合するからである。

*The Multiculturalism Policy of Canada, the Canadian Multiculturalism Act, July 1988

モザイク社会とゲットーイズム

マルチカルチュラリズム政策に批判的な人たちは、この政策がカナダ生まれのカナダ人と移民のあいだのギャップを促進しており、同時に移民の文化適応を遅らせ、「ゲットーイズム」を許容する原因となっていると指摘する。なぜなら、モザイク社会ではすべての民族グループが各ポケットのなかで暮らすことが許されており、メインストリームへの同化を強制する圧力はあってはならないからである。そのために、移民が移民だけで（特に同じ民族グループのなかで）暮らす「ゲットーイズム」の傾向が促進される。そうなると、当然、移民がメインストリーム文化に適応するスピードは遅くなる。

たしかにトロントでは、そうした例は簡単に見つけられる。

コーナーショップと呼ばれる小さなお店は、ちょっと欲しいものがあるときに利用される、日本でいうコンビニのような存在である。こうしたコーナーショップの多くが韓国系移民によって営まれている、というのはトロントでは周知の事実となっている。朝早くから遅いときには深夜までの厳しい労働ではあるが、カナダの会社で働くにはそれなりの英語力が要求されるため、英語に不慣れな韓国系移民は自営の道を選ぶという。それに、韓国系の移民にはこうした小さなビジネスのセンスもある。顧客の顔を覚えていて、いつも気軽な挨拶と笑顔で迎えてくれる、そんな気持ちのいい対応は、トロントでは期待できない。

言うまでもなく、コーナーショップの経営者は英語を使って商売をしているが、それは道具としての英語を使っているに過ぎない。カナダ人がどんなものを好んで食べているか、どういう人たちが何を買っているか、そうした商売上の知識は得られるが、カナダという国の根幹にかかわるような価値観や歴史についての知識を学ぶ機会は、カナダ企業で働くのと比べるとはるかに限られている。いくら英語が話せても、それはコミュニケーションの道具(つまり入れ物)を持っているだけであって、コミュニケーションの内容を持っているというわけではない。

さらに、トロントには英語を理解しなくても生活には不自由しない民族グループもいくつかある。なかでも圧倒的な数を擁す香港系グループを見ると、新聞、広東語放送チャンネル、食品、寺院など生活に必要なものは英語を使わなくてもすべて手に入る。会社でもほとんどが広東語を話している人たちばかりだから、仕事でも広東語を話すことがほとんどである。買い物もチャイナタウンでできるから英語を話す必要はない。出身国で食べていたのと同じ野菜、同じ果物、同じ食品も簡単に手に入る。大きなコミュニティのある民族グループは、まるで自国にいるのと同じ便利さ、快適さで生活している。

居心地のよい状況のなかに暮らしているなら、どうしてわざわざ痛みの伴う文化適応を急ごうとする必要があろうか。言語の習得は、文化適応の度合いを調べる最大のバロメータであるが、統計によると、英語の話せない移民の多くが大きな民族グループに属する人たちである。つまり、一部移民の文化適応の遅れとコミュニティの大きさには関連があると言うことができよう。

（非カナダ生まれの）移民と（カナダ生まれの）カナダ人の間に横たわるギャップは、日常生活のなかでも簡単に目にすることができる。この章のはじめに例を挙げたように、会話をすると簡単に発見できる。しかし、もっと顕著な例は住居である。

トロントには、いわば「住み分け」ともいわれるような地政学的な分断が存在する。たとえば、私が住んでいるエリアには、大きな通りをはさんで全く毛色の異なるコミュニティが存在している。バサースト通りから東は、トロントきっての高級住宅地フォレストヒルが広がっている。弁護士や医師、教授やビジネスマンといった人たちが好んで暮らすこの辺りは、住宅街であるため車の出入りや商業も制限され、通りには緑があふれている。

高層のコンドミニアムやアパートはなく、プール付きの大きな邸宅が並ぶ。そして、ここに住む人たちの多くが白人、ユダヤ系である。

一方、そこからバサースト通りをはさんだ反対側は、住民の多くが移民というエリアである。北にはジャマイカ系をはじめとするカリビアン系のブラック・コミュニティがあり、西へ行くとポルトガル系やイタリア系の多く住むリトル・イタリーにあたる。そのふたつのコミュニティが重なる移民混在エリアには、そのふたつのエスニックに加えてフィリピン系、ウクライナ系などが主に暮らしている。このあたりは、性急な区画整理によって街路樹が切り倒され、家賃は安くてアパートも古い。このあまりに歴然とした移民と非移民の「住み分け」は、よく見られる。

しかし、こうしたギャップを「ゲットーイズム」と呼び、その原因を直ちにマルチカルチュラリズム政策に帰してもよいものだろうか。私にはそうは思われない。そのギャップは、むしろ、移民がメインストリームに適応する過程では自然な成り行きであるのではないだろうか。

移民の文化適応を考える際に、見落としてはならない事実がある。それは、多くの人たちが海を渡ってきた理由である。統計によると、カナダの全移民のうち、三九%が家族移民、ほぼ同じ数字の四〇%が経済移民、そして難民は一四%である。[*] 経済移民のなかには、スキルやキャリアを持った申請者の家族も含まれている。この数字が明らかにしているのは、自由意志によって移民してきたのは約四〇%で、残りの移民はカナダという国が先進国であるという以外、特別な知識を持ち合わせていない人たちである可能性もある。こうした人たちにとって、カナダの価値観や歴史などを学ぶには長い時間がかかるといってもいい。

移民の多くは新しい土地で新たに生活を始めることに一生懸命で、新聞を読んだり本を読んだりしている暇はない。移民や難民のなかには、スーツケースひとつでカナダにやってくる人たちもいる。彼らにとって、何よりも優先されるのは、日々の糧を得ることであって、カナダの文化理解はその次になる。

そもそも、母国以外の国やその国の文化について学ぶには、好奇心と関心が要求される。トロント大学で勉強していた頃、東ヨーロッパから来た学生と話をしているうちに、彼が北アメリカ先住民にただならぬ関心を持っていることが明らかになった。彼は自分の国でも先住民に関する本を山ほど読んでいて、その知識にはカナダ人でさえ舌を巻いたほどだった。だから、彼にとってはカナダに来ることは幼い頃からの夢であり、その夢がかなった。

てカナダで勉強している彼は幸せそうに見えた。しかし、カナダに移民申請をしたからといってカナダという国に特別な興味があるとは限らない。「カナダの文化に惹かれたから移民することに決めた」と断言できる移民は、むしろ幸いな移民といえるだろう。

実際、移民の多くは切迫した状況のなかでわずかな選択肢を前に、よりよい生活を与えてくれそうな国を選んでいる。カナダという国について、限られた知識しか持ち合わせていなかった人たちも多い。コソボ難民のミモザは、どうしてもヨーロッパに留まりたかったが、ドイツやフランス、イギリス政府の難民数制限に遭い、やむなくカナダにやってきている。ザンビアからカナダに移住してきたシミは、オーストラリアとカナダに移民申請をしたが、オーストラリア政府の対応が遅かったという理由でカナダに来ることになった。また、ケニアからやってきたアブダラに「どうしてカナダに来たの?」と尋ねると、彼は「アメリカとカナダを比べたら、カナダのほうがアフリカ系移民を積極的に受け入れていて、移民申請に有利だと思ったから」と答えた。つまり、彼にとっては、移民手続きがより簡単であることが重要であったわけで、アメリカでもカナダでもどちらでもよかったわ

*Citizenship and Immigration Canada, A Comparative Portrait Based on the 1996 Census

けである。* こうした人たちが、カナダの文化や歴史を理解するには多大なエネルギーが必要となる。ましてや、新天地に着いてからはゼロから生活を作りなおすわけであるから、そんなことを学ぶために学校に通ったり大学で勉強したりするような時間はない。そうでなくても、テレビを見たり新聞を読んだりすることも、特に言葉に不自由のある移民には厄介なことである。それなら、家族により楽な生活をさせるために残業を選ぶだろう。

自然に文化適応

こうした人たちに、迅速な文化適応を強制するのは酷である。文化適応は移民にとって痛みなしでは為し得ない変化の過程である。この過程を強制され、急かされた移民こそ、ゲットーイズムのワナにはまっていくのである。

ゲットーイズムという言葉は、何も各民族がそれぞれのポケットのなかで暮らすことを意味するわけではない。むしろ、各民族がその民族性（血統！）や宗教性にしかアイデンティティを見出せない、その極度に狭まったメンタリティを意味するのである。その意味では、イスラム原理主義、イスラエルに見られるような単一民族国家を作ろうとする動き、国民国家を目指す一部アフリカ諸国の動きは、ゲットーイズムのひとつの形であると言っていいだろう。

ゲットーイズムの原因は、周囲に自分の民族性、宗教性を否定されることから発生する。まわりから特有の民族性を否定されれば、その反発として自らのアイデンティティを「民族性」にしか見出せなくなり、最悪の場合、排他性を特徴とする極端なラディカリズム（原理主義）の出発点となる。そして、それこそがゲットーイズムの温床、ゲットーイズムの原因のなかでもとりわけ危険なものである。

マルチカルチュラリズム政策のメリットのひとつは、移民が文化適応を自然な速度で行うことを保障した点にある。マルチカルチュラリズム政策は、文化適応を早めているわけ

＊しかし、同時にアブダラは「今はカナダを選んでよかったと思う。アメリカとカナダがこんなに違うとはケニアにいたときは知らなかった。カナダは移民に対してより寛容だから、カナダの市民権を得て本当によかったと思う」と言っている。

けでも、遅らせているわけでもない。むしろ、言葉に不自由な移民、あるいは特別なスキルや知識をもたない移民（適応に困難を伴う移民）に対して特別のサポートを与えながら、移民の民族的、文化的アイデンティティを、将来、カナダ社会に役立てるよう奨励する。移民の私たちは、自分の文化とカナダの文化の橋渡しと見なされ、自然な速度で文化適応をしていく。少くとも私の経験からいえばそうであった。マルチカルチュラリズム政策がなければ、語学クラスも就職斡旋センターもなく（あるいは限られ）、一方で自分の民族性や文化を抑圧され、それをカナダ社会のなかで表現する機会はごく限られてしまう。そして、結果、文化適応や同化に反発する一部の人たちは極端なラディカリズムへと向かうだろう。

多民族国家の実現

移民として三年間カナダに暮らすなかで、私も少しずつカナダの文化や価値観、歴史を知るようになった。今では、カナダ人との会話にも特別困ることもない。しかし、同時に移民の友達との会話も同じように大切である。今でも、生活のちょっとした場面でわからないことや困ったことが出てくる。そんなとき、頼りになるのはやはり移民の友達である。移民とカナダ生まれの人たちとの間のギャップは、こうしてみるとむしろ自然であると言えなくもない。

この三年間を振りかえってみて、来て間もない時に彼らからの援助がなかったならば、日本に泣きながら帰っていたかも知れない、とよく思う。あのとき、いくらカナダ人がやさしくしてくれても、それでは不充分であった。同じ経験を持つ人たちとそれを共有する必要があった。換言すれば、そうした経験の共有があったからこそ、今では移民の視点を通して、日本人としての自分を捨てることなく、カナダの価値観や文化を共有することができるのである。それは、自然な速度での文化適応を許すマルチカルチュラリズム政策があったからこそである。

その証拠に、カナダで生まれた二世は、他人の民族性を自分の民族性と同じように尊重することのできる理想的カナダ人である。彼らは、カナダの学校教育を受け、そこでカナダの歴史や価値を学び、民族的には違ったルーツを持つとはいっても同じ「カナダ人」として根底の部分でつながっている。大学のキャンパスで、私はこうした二世たちが宗教や人種に関係なく友達になり、学内参加している様子を見て、新鮮な驚きとともにカナダ社会の懐の深さを感じたものだ。彼らこそカナダが理想として掲げる「異なる人種や宗教、文化を持つ人たちが共存する国」を体現しているといえる。一世（両親）のくぐり抜けてきた文化適応の壁を身近に見ながら、こうした人たちがカナダ特有の価値観、つまりカナダの将来をつくりあげていくとしたら、この国の社会は豊かな文化を内包する多層的社会を実現することになるだろう。

私の暮らすセントクレア・アベニュー・ウェスト周辺には、南欧系の移民たちが多く暮らしている。通りを歩いていると、看板も出ていないような小さなカフェに、老人たちがやることもなく通りを眺めている風景が目にとまる。カフェの内部はパルテノン神殿の写真のほか、何の装飾品もない。老人たちはベレー帽のような平たい帽子を被り、小柄な身体にジャケットを羽織っている。彼らの姿を見るたびに、こうした移民たちこそカナダをつくってきた人たちなのだと、頭の下がる思いを感じざるを得ない。また、戦前、日本からやってきた移民一世たちの潜り抜けてきた苦労を思うと、自分の苦労など無に等しいと思い直す。新しい国では多くの危険が待ち受けていたであろう。文化適応のプロセスで生じる精神的な問題、そしてアイデンティティの問題、もちろん人種差別という大問題も。

しかし、彼らの次世代は確実にカナダ人として、カナダの将来を形作っているのである。

多民族国家カナダの理想は、出身国がどこであれ、海を越えて人生をスタートオーバーさせようとやってきた移民たちの決断があってこそはじめて実現すると言っていいだろう。

第Ⅱ章

血統主義を超えて

――マルチカルチュラリズムの国家観

ドイツでは一九九〇年代になって、ゲルハルト・シュローダー党首の社会民主党政権が政権を握ると、一部の人たちから批判されてきた血統に基く国籍法を変更した。それまでは、ドイツ国籍（citizenship）の獲得は、ゲルマン民族の血筋を引く人だけに限られていた。これによると、たとえばアメリカで生まれたドイツ人の両親を持つドイツ語をまったく話せないアメリカ人が、ドイツ国籍を獲得できる一方で、長年ドイツで働いているトルコ人労働者はいくらドイツ語が流暢に話せても、あるいはドイツの歴史や価値を理解していてもドイツ国籍は取れない。こうした血統主義的な国籍の考え方は、一部の人たちから厳しい批判の対象になってきた。この考え方が人権という見地からみると、どんなに差別的で、どんなに深い問題を含んでいるかは明らかである。

マルチカルチュラリズムという考え方は、この血統主義的な国籍の考え方の対極に位置する。血統や民族、人種は、マルチカルチャー社会において、排除、または優先の原因とはならない。誰もが同じように社会の一員として平等の権利と自由を保障される。

さらに、カナダに限らず異民族間結婚が増えていくと、混血の人たち（ミクスド）をはじめ、ミクスド同士の結婚によって生まれた混血の混血の人たちなど何も珍しい存在ではなくなる。そうなると、人種、民族という概念はどんどん曖昧になっていく。

この章では、生まれつきア・プリオリに備わった特徴（血筋、外見など）にかかわらず、むしろ個人的な選択によって国籍を選択した移民が集まる国カナダの理想と現実、そして今後の世界において人種や民族が持つ意味についても考えてみたい。

国民国家観を打ち砕かれて……中国系女性総督の就任

カナダに来る以前、「エスニシティ（民族）＝ナショナリティ（国籍）」という公式が日本以外の国ではほとんど役に立たないことは分かっているつもりだったが、どこか実感がわかなかった。

その公式の入った頭を強く打たれたような気がしたのは、カナダに来てから約一ヶ月ほどたったある日、テレビに映し出されたカナダ総督の就任式を見たときであった。総督とは、イギリス女王の信認を得た、国内では首相以上の権限を持つカナダの元首である。[*] 一九九九年の秋に新しく就任した総督は、中国系移民の両親を持つエイドリエンヌ・クラークソン（Adrienne Clarkson）であった。カナダの元首なら当然、カナダのマジョリティ民族グループであり、建国に最も寄与したイギリス系カナダ人であるべきだろう、それに首相による推薦の後、イギリス女王の信任を受けなければならないのだからイギリス系カナダ人以外には考えられないだろう、と思いこんでいた私は、カナダという国が看板だけ

＊カナダがイギリスから独立したのは一八六七年のことであるが、今でもカナダでは英国領であったころを偲ばせる文化的地盤が残っている。

の多民族国家ではないことを思い知らされた。

夫にそのことを言うと、

「それじゃあ、君にはブリティッシュ・コロンビア州の州知事がインド系カナダ人だったということも驚きだろうね。彼はインドで生まれて一七歳のときにカナダに渡ってきた一世の移民だよ。君だってなろうと思えば州知事になれるよ」

という答えが返ってき、再度驚いた。クラークソン総督を眺めながら、私はしつこくつぶやいていた。

「中国人がカナダの元首だなんて、やっぱり信じられない」

「違う、違う。彼女は中国人じゃなくて、カナダ人なんだよ」

夫の言葉に突然、目が覚めたような気がした。彼女は中国人ではなくてカナダ人なのだ！

マルチカルチュラリズム政策が事実上こうして実現されている事実を目の当たりにすると、自分の古い考え方が悪い冗談のように思えてきた。この国では民族や宗教、両親の出身国や自分の出身国とは関係なく、カナダ人としてのアイデンティティを持ち得るし、まわりの人たちもそれを当然だと思っている。肌の色や民族バックグラウンドは、政治的権限を与えられる上で何ひとつ障害にならないのである。

「エスニシティ＝ナショナリティ」という時代遅れの公式を捨て去ったのは、まさにこの時であった。それ以来、カナダでのナショナリティとは、民族や人種とは関係なく、むしろ自ら市民権を選んだ場所であると公式を新たに書き換えなければ、この国では「人種主義者」というレッテルを貼られる恐れがあることを実感した。

このエピソードを振りかえってみると、どうも私の頭のなかにはある種の固定観念のようなものがあったのではないか、と考えざるをえない。私の思い描いていた国家とは、あの悪名高き「国民国家」に近い国家であったのではなかろうか。

国民国家という概念は、同じ民族、同じ言語、同じ宗教に基づき、同じ神話や歴史を共有する国家を意味するが、そうした国家が近代国家成立後存在したことはない。ヒットラーの国家社会主義ドイツ労働者党、いわゆるナチス党は、ゲルマン民族だけによる国家建設を目指したが、それはまさに国民国家創設の幻想に他ならなかった。第二次大戦後、世界各地で起こる戦争のほとんどが地域紛争であったが、その多くが国民国家創設という幻想に基づいた紛争であったといえる。この民族紛争ののちに独立を果たした国は（たとえば旧ユーゴスラビアから独立したバルカン諸国、あるいはバルト海沿岸諸国など）、国家建設を行うが、その際に国家統合を強化するために、異なるものを排除し、共通の民族や宗教、言語で国家をくくろうと試み、国民としての集団的アイデンティティを根付かせようとする。その際、アイデンティティとは、まず何よりも自己を「外部」から切り離すことで、その線引きをするよう促す原動力となる。

そうした原動力は、意識しないような日本人の言葉遣いにもあらわれているように思う。以前、半年間アジアを旅行したが、インドで、あるいはチベットで、ネパールで、たくさんの日本人旅行者に会った。ホテルやレストランで、彼らが話している内容が耳に届いてきたが、そのなかで最もよく出てくるのは「日本人は」という言葉であった。食べ物のことから宗教のこと、およそありとあらゆることについてこの言葉が出てくる。しかし、よく考えて見れば私も知らずにその言葉を使っていたような気がする。その理由は、日本が国民国家の概念が当てはまるような要素を持っているからではないだろうか。

民族的に見ても、宗教的に見ても、言語的に見ても、日本は国民国家的観念があてはまりそうな要素が多分にある。地理的な理由もあると思うが、歴史を振りかえって見ると日本という国が可能な限り異質なものを排除し、異質なものから自分たちを隔離してきたという歴史もある。その結果、日本人は異質なものに対して反感を抱く半面で、異質なものに対する憧れを抱くという集団的異常心理を持つようになったのではないか。自分たちを集団化し、特別視する「日本人は」という言葉は、その集団的異常心理のあらわれであろう。その言葉が教えるのは、日本人としての集団的アイデンティティの強さ、所属意識の強さである。日本人による日本人論が多いのもこのためだろうと思われる。

かつて森元首相が、「日本は神の国である」と言った事件は記憶に新しい。海外メディアはこぞって、この発言を揶揄した。こうしたことを平気で言えるのは、世界と切り離された無批判的な環境にいる国民だけである。

中国系のエイドリエンヌ・クラークソンがカナダの元首であることに驚いた理由を考えるうち、私のなかにもそうした異常心理の一片があったのだと思い当たった。たとえば、ブラジルからの移民二世で日本生まれの日本国籍保持者が日本の首相になるなどと、誰が想像できよう。「日本人」であるという民族性、血統は「日本人」というアイデンティティにとって何よりも正当な要素として通用しているのである。よく考えると、日本人という民族に属してこそ「日本人」という基準は非常に乱暴であるし、人種差別的である。たとえ日本に生まれても、日本民族でなければ正当性は低い。それは、在日朝鮮人、韓国人に対する日本人の対応に如実にあらわれている。

アイデンティティという意味で、カナダは日本と対象をなす。ともにアメリカと強い貿易関係を持っている点、あるいは国際政治のミドルパワーとして重要な地位を確立している点など、カナダと日本にみられる共通点は少なくはないものの、この二国がお互いを理解しあうことがおよそ不可能ではないかと思われるほど異なる点はこの点である。つまり、国民の血統、民族性に関する考え方である。

ヘリテージ、ロイヤルティ、アイデンティティ

カナダで、「カナダ人としてのアイデンティティは血統、つまりイギリス系カナダ人であることだ」などと言うと、誰もが冗談だと思って真面目にとらないか、あるいは悪意に満ちた差別的発言として厳しい批判の矢面に立たされることになるだろう。

カナダに暮らす人たちのアイデンティティを定義しようとするときに役立つのは、次のふたつの側面、ヘリテージ、ロイヤルティである。「ヘリテージ」は、自分、あるいは両

親や祖先の出身国や文化の継承を意味する。そのため、「ヘリテージ」という言葉は、「文化ヘリテージ」とほぼ同義であると言っていいだろう。また、ロイヤルティという概念には、自己選択的な要素が加わり、「どこに帰属意識を置くか」に対する答えとなりうる。たとえば、カナダ在住三年を過ぎると、移民には市民権獲得への道が開かれるが、三年を過ぎてもそのまま母国の市民権を保持している人たちもいる。その際、こうした人たちのロイヤルティ（帰属意識）は、カナダと母国にまたがっているということになる。

さらに、「アイデンティティ」とは、これらふたつの側面の上に築かれるものであると思われる。たとえば、ほとんどの日本人の場合、ヘリテージとロイヤルティが重なっているため、定義が容易である。しかし、カナダという国は、ヘリテージとロイヤルティ（帰属意識）という側面から見ると、非常に複雑で多様性に満ちているので、そう簡単にはいかない。「この多様性こそカナダ社会の特徴である」というのは、カナダ政府が国内外に誇らしく公言している謳い文句である。

カナダ人の方でもそれぞれが自分を表現する呼び方を使って自分のアイデンティティを説明しようとする。「あなたは誰ですか？」との問いにどう答えるかは、その人が自分のアイデンティティとして何を優先しているかを示しているといえる。

たとえば、カナダが大切にする価値観にロイヤルティを感じる人は、自分のことを単に「カナダ人（Canadian）」と呼ぶ。一方で、カナダ人でも民族グループに帰属意識を感じる人たちは、「○○系カナダ人（○○-Canadian）」と自称するが、このグループはマイノリティに属する人たちかも知れない。たとえば、「フランス系カナダ人（French-Canadian）」、「インド系カナダ人（Indian-Canadian）」といった表現がある。興味深いのは、フランス系の血を引く「ケベコワ（ケベック人）」で、この呼び方には「ケベックに住むケベック人」という以上の意味がある。たとえば、私がケベックに住むことにしても、「ケベコワ」とはならない。歴史的には、イギリス系よりも先にカナダにやってきたフランスからの入植者は、後にイギリス系がマジョリティとなると、フランス系カナダ人であるという誇りをこういう呼び方で保持し続ける必要があったのである。

さらに、ユダヤ人、アラブ人のように民族にロイヤルティを感じる人たちは、ユダヤ系カナダ人（Jewish-Canadian）、アラブ系カナダ人（Arab-Canadian）と呼ぶ。なかでも、ユダヤ系カナダ人のなかには、自分たちのことを「カナダ系ユダヤ人（Canadian-Jew）」と呼び、ユダヤ系の血統の方をより重んじている人たちもいる。

また、こうした人種、民族的ヘリテージに加えて、宗教の面から自分を規定しようとする人たちもいる。

そして、個人はロイヤルティの置き場を複数化させている。むしろ、ふたつ、あるいはそれ以上のロイヤルティを持ちながら、その間で両者に寄与するような仕方で活動している人たちが見られるのは、カナダ社会の顕著な特徴である。こうしたロイヤルティの重層化を見てくると、カナダ人のアイデンティティにとって、血統は単にそれを構成する一局面に過ぎず、そこに重点を置く必要はないと考えるべきであることがわかる。

ところで、カナダの将来を考えるうえで注目したい人たちがいるとすれば、それは二世、三世、四世といった移民次世代の人たち、そして異民族間結婚の両親をもつミクスド・チャイルドである。こうした人たちは、重層化するカナダ人としてのアイデンティティをもっともよく表わす人たちだと思うからである。

移民の両親に生まれた二世の多くは、ふたつ（あるいはそれ以上）の文化に馴染みがあり、しばしばふたつの言語に通じている。カナダ政府の市民・移民局（Citizenship and Immigration Canada）の統計によると、英語、フランス語以外の言語を使っている家庭は、カナダの全家庭の六七％にものぼる。こうした家庭の子どもたちは、幼少時から完璧なバイリンガルとして育っている。*

私の大学のクラスメイトには、かなりの数の二世、三世たちがいた。そのなかでも、中国系カナダ人、イラン系カナダ人とよく話をするようになった。中国系カナダ人の学生たちは、授業では英語を使い、教室の外では中国語で話をしていた。聞いてみると、彼らのほとんどが二ヶ国語を流暢に話し、読めるようだった。外見だけ見れば、彼らは中国人に見えるが、話してみると他のカナダ人ティーンネイジャーと同じようなことに関心を持ち、同じ価値観を共有しているようだった。しかし、彼らの半分ほどは、カナダ人としてのアイデンティティと同様、中国系であるという高い意識を備えていた。そのなかの一人は、将来、カナダ政府の外交官として中国領事館で働くという夢を持っていた。

「カナダと中国の掛け橋になることができれば、両親もとても喜ぶと思うわ」

また、イラン人の両親を持つ学生は、いつも頭をスカーフで覆っていて、他の学生のようにジーンズや短いスカートをはいている姿を見たことはなかった。彼女はお昼休みになると、他のイスラム教徒の学生とともに礼拝をするため、国際留学生センターに通っていた。しかし、やはり話してみると中身は他の学生と同じで、会話の内容やその話し方、アクセントやトーンなど、何から何を取ってみてもカナダ人であった。

複数のロイヤルティを持つ彼らは、国籍はカナダ人であっても自分を定義するとき、セカンド・ヘリテージを取り入れながらアイデンティティを選択する。

また、カナダには異民族間結婚によって生まれた人たちも数多く暮らしている。彼らもまた、複数のアイデンティティ、ロイヤルティをもつという意味で二世、三世の人たちと同様である。いったい、その複数化するアイデンティティ、ロイヤルティのなかから、彼らはどういった仕方で選択しているのであろうか。

異民族間の結婚が進むにつれ、ヘリテージの混合が複雑になる。移民の多いカナダの都市では、白人でもアジア人でも黒人でもない新しい人種が誕生し続けている。アジア系移民が多数暮らすバンクーバー周辺では、社会学者たちがそうした新しい人種が生み出す独特の文化を研究対象としていると聞く。

複数の人種や民族の血を引く人たちにとって、○○系という言葉はあまり意味をもたない。両親について聞かれれば答えるが、聞かれなければあえて自分から言う必要もない。

＊一方では、どちらの言語もそこそこはできるが、どちらも完璧に操ることができない子どもがわずかながらいるという問題も存在する。

肌の色や〇〇系××人という従来の概念を使って、目の前にいる人を定義しようと躍起になる必要はもはやない。

私たちに子どもがいれば、彼女はカナダ人と日本人の血を引く。たとえば、彼女がインド系カナダ人の血を引く人と結婚したら、私の孫はどの人種カテゴリーに入り、どの民族カテゴリーがあてはまり、何系と呼ばれるのが妥当なのだろう。その孫がまた、たとえばユダヤ系ロシア人の血を引く人と結婚したら、その子どもの民族や人種はどうなるのだろう。そう考えると話はますます複雑になっていく。というより、そうなってくると、民族や人種というカテゴリー自体が大した重要性を持たなくなってくる。

その一方でより重要性を増すのは、個人のアイデンティティ意識である。よく、異民族間結婚の子どもたちが自分のアイデンティティに悩むといった話を聞くが、そうした人たちが行き着くのは、自分自身、何人であると思うことが一番しっくりくるかにかかっている、といわれる。また、両親はもとより、社会のなかにも、こうしたアイデンティティの複数化を問題視するのではなく、ポジティブにとらえる人たちが増えてきている。結局のところ、異文化間結婚（インターマリッジ）によって生まれる混血の人たちには、自分でアイデンティティを選び取る自由が与えられているのだから、それは特権なのだ。それに選び取る必要なんてないのだ。両方を併せ持ち、それを上手に利用できるチャンスがあるはずだ。こうした考え方は政府関係の書類をはじめ、社会のなかに少なからず見られるようになっている。結局、マルチカルチャー化が進むと、民族や血統というカテゴリーわけは宗教や国籍と同じほどの意味しか持たなくなるようである。

国家像の新しいかたち

さて、こうした人たちにとって、国家とは私が考える国家とは違ったふうに見えるのではないだろうか。そう思っていた矢先、興味深い記事を新聞に見つけた。

カナダの日系新聞「Nikkei Voice／日系の声」に、世界的に著名な遺伝学者のデイビッド・スズキ博士の環境問題に関する講演会の様子とインタビュー記事が掲載された。[*] スズキ氏はカナダ生まれの日系三世で、日本語を理解しない。第二次世界大戦中には、カナダ政府によって強制収容所に入れられた世代である。記者はこのインタビューのなかで、

「スズキ博士自身と日系社会とのかかわりに言及してくれると期待した向きもあって多少がっかりした人もいたようだ」と述べ、そのためにインタビューでは日系コミュニティとのかかわりを聞き出そうとしている。しかし、このインタビューのなかでスズキ氏は「日本を自分の一部だと感じたことはない」[**]と発言している。日系というヘリテージを共有するコミュニティ以上に大切なのは、共通の価値観や利害を持った人たちが集まる場所、つまり、カナダという国である。

この発言は三世らしい言葉であると思う。つまり、日系ヘリテージを持つ彼にとって国とは、生まれながらにもっているアイデンティティ、つまり人種や民族というアスペクトがまったく関与しない場所であらねばならない。しかし、こうした多様性をもつ人たちがひとつの場所に集まって同じ社会、政治システムのなかに暮らすとすれば、どこかに国民としての共通のアイデンティティが必要になる。それを、スズキ氏は、「共通の価値観や利害を持った人たちが集まる場所」として定義したのである。スズキ氏がこうしたある意味で寛大な国家像を思い描くことができたのは、彼のヘリテージが関係していたのではないだろうか、とも思うのである。つまり、彼がマイノリティの民族グループに属していたことと関係があったのではないだろうか。カナダには、メインストリームの民族グループに属する人たち（イギリス系）ですらわずかに一三％に過ぎないという事実をふまえてこの意味をとらえる必要がある。つまり、カナダにはマジョリティのグループといえる民族グループが存在しないのである。そのため、多くのカナダ人にとって、スズキ氏のような国家像を思い描くことはとりわけ難しいことではない。

記者は、スズキ氏のこの発言に対して、「ヘリテージの継承に力を注いでいる日系コミュニティのなかには憤慨する人もいるだろう」と前置きをした上で、「あなたがどう思おうと、私たち日系カナダ人は、あなたをわれわれの一員と見なしています[***]」と最後に締めくくっている。カナダ一の環境保護家として知られるスズキ博士を、同じヘリテージを持つという理由で自分たちの一員と見なそうとする日系コミュニティと、一方でヘリテージ以上にロイヤルティとアイデンティティを優先させるスズキ博士の対比は興味深い。

この記事を読みながら、同じようにに日系ヘリテージを持つ作家で詩人のジョイ・コガワ

＊　「Nikkei Voice／日系の声」二〇〇二年四月号、Vol. 16, No. 3
＊＊　同上
＊＊＊同上

氏のことが思い出された。彼女は、戦時中の日系人に対するカナダ政府の間違った対応に対する謝罪とリドレス（補償）を求めて先頭に立って活動した人である。彼女の作家としての仕事、アクティビストとしての活動は、日系というヘリテージ、日系としての経験という下地の上に築かれているといっていいだろう。

二人が同じ日系へリテージを持ちながら、それぞれがアイデンティティについて異なるアプローチを取っていることは非常に興味深い。ロイヤルティの選択は、あくまで個人的な問題であって、外見が日本人だからといって外部がスズキ氏に勝手に「日系人」のレッテルを貼りつけ、日系社会へのロイヤルティを期待するわけにはいかない、その現実をまざまざと見せつけてくれたものといえる。

また、覚えておかなければならないのは、この現実はカナダだけで見られるわけではないということである。世界中の各地で、グローバライゼーションはこの現象をもたらしている。ある人の国籍は、パスポートを見るまでわからないのであって、肌の色や外見の特徴で国籍を判断することはできない。それは、もはやグローバライゼーション時代に生きる私たちの常識であろう。

もちろん、このことは社会のなかでジレンマや衝突を導き出す原因となっていると思われるので、次章でもう少し詳しく見てみたい。

第Ⅲ章　多文化と国家的統一性

二〇〇二年六月、カナダからの参加はなかったものの、ワールドカップサッカーはカナダでも無視できないほどホットな話題だった。サッカーにはまったく興味のない私も、トロントでこの世界規模のスポーツイベントを見ていろいろと考えさせられた。しかし不思議だったのは、自分の国が参加していないにもかかわらず、カナダ中が浮かれ騒いでいたことだった。

その疑問はすぐに解けた。トロントに住む人の多くがカナダ以外の国にロイヤルティ（帰属意識）を持っていたからである。この章では、ワールドカップサッカーをきっかけに考えさせられた複数化するロイヤルティ、国家的統一性について考察してみたいと思う。こうした問題が興味深いのは、これがマルチカルチャー社会のカナダ国内に限らず、将来の「グローブ（世界）」像を思い描く場合にも当てはまるからである。よく考えてみると、カナダという国は、国境の意味が薄れ、さまざまな民族や文化が混在するグローバライゼーションの世界像を先取りしたような国である。カナダ社会を見れば、将来の世界像が摑めるような気がすることがよくある。この章ではその例をあげてみたい。

万国旗のもとに

ワールドカップ期間中、トロントの路上にはさまざまな国旗をはためかせて走る車が見られた。期間中に取った私の記録には、一日のうちでアルゼンチン、ブラジル、フランス、イタリア、韓国、トルコ、セネガルの国旗を見たとある。そして、どこかの国が勝てば、その国のコミュニティがあるエリアで大きなお祝いが起こった。私のアパートの隣のガソリンスタンドでは、主にポルトガル系移民が働いているが、当然、ポルトガルの試合になると大きな声援が届いてきた。コリアンタウンでは、通りに大きなテレビが据えつけられ、韓国系カナダ人や語学学習のために来ている韓国人学生がたくさん集まっていた。

これほどまでに民族の違いが際立って見えたことはなかった。トロントに暮らしていると、この国が移民の国なのだということに気づかされる瞬間がしばしばあるものだが、ワールドカップは同時に、国民の複数化するロイヤルティという問題に光を当ててくれたイベントであった。

インターネットや新聞によると、モスクワではロシアを下した日本に対する暴動が起こったとか、イギリスでも同じようなサッカーの試合の結果に関する暴動やヘイトクライム（特定の民族に対する中傷）が見られたという。私は内心、トロントでも何かしら衝突のようなものが起こるのではないかと心配したが、予想に反して非常に友好的な雰囲気にあふれていた。勝ち進む韓国旗を振りかざす車に、多くの人が声援を送っていたし、見知らぬ人同士が応援するチームについて話を始めたり（私も話しかけられた）、いつもより町が友好的になったかのようであった。慎重なカナダ人たちは、母国の国旗とともにカナダ国旗を忘れなかった。トロント市が誇らしげに発表したように、サッカーがらみの暴動は起こらなかった。

仮に、今回のワールドカップにカナダが出場していたら、みんなどこを応援したのだろう？　カナダ人すべてがカナダだけを応援したとは限らないのではないだろうか。好奇心にかられて、隣に住むイタリア系カナダ人ロコに聞いてみた。ロコはトロント生まれだが、両親はイタリアからの移民で、長年リトル・イタリーに住んでいる。

「もしカナダが出場していたらもちろんカナダを応援するよ。でも、カナダが負けたら、次にイタリア応援に回る。両親は最初からイタリアを応援するかも知れないだろうね」

「もしイタリアが負けたら、両親は次にカナダの応援に回ると思う？」

「そう思うよ。まあ、カナダが残ってイタリアが消えるなんてことは絶対にありえないと思うけどね」

二重国籍を認めるカナダでは、多くの市民がふたつのパスポート、すなわちふたつのロイヤルティを持っている。現在暮らす国にロイヤルティを保持しつつ、自分の両親の国、あるいは出身国に特別の思い、第二のロイヤルティを持っているという状況は、移民人口を抱える社会では何も珍しいことではない。カナダでも、カナダで生まれていながら、いまだに先祖の思い出や歴史観を継承し、そこに強い精神的つながりを感じている人たちがいる。こうした人たちが共存する国では、とりわけワールドカップなどの国際スポーツ大会でどの国を応援するかがはっきりとわかれる。スポーツならいいが、これが政治になると非常に大きな社会問題に発展することもある。

最近、モントリオールで非常にショッキングな事件が起こったが、この事件はロイヤルティが複数化するマルチカルチュラリズムの現実を典型的に示す事件であったので、例として引いてみたい。

二〇〇二年九月上旬、イスラエルのネタニヤフ元外相がカナダのユダヤ系アスパー財団の招きでカナダを訪れた。その際、モントリオールの英語系コンコルディア大学で、当然のことながらイスラエルのパレスチナ占領を正当化する内容の講演を行う予定であった。

背景をもう少し詳しく説明すると、モントリオールという都市は英語とフランス語が併用されているバイリンガル都市である。そのバイリンガルなモントリオールのなかでもコンコルディア大学は、多民族の学生が所属すること、そして他大学に比べオープンな討議が起こるリベラル派の大学として知られている。九・一一以降、カナダの各大学ではイスラエル擁護派とパレスチナ擁護派の学生が学生新聞上で論争を繰り広げているが、なかでもコンコルディアはその論争の激しさでメディアも注目していた。

講演の日、大学校内でパレスチナ支援を掲げる一〇〇〇人以上のアラブ系学生たちが講演のキャンセルを求めて激しい暴動を起こした。窓ガラスが割られ、パイプ椅子や木製の机などが投げられ、ユダヤ系の教授が殴られる（この教授は皮肉にもホロコーストの生き残りであった）といった状況に、大学側は機動隊の投入を決定し、アラブ系学生五人が逮捕され、講演はキャンセルされるという事件が起きた。

その後、ネタニヤフ元外相は、抗議者たちを「狂信者」と呼び、モントリオール市長ジェラルド・トランブレ（Gerald Trembley）は、「表現の自由はモントリオールでは基本的な約束事である」と声明を発表し、抗議者たちの行為に対して厳しい批判の声をあげた。

この事件の背景には、二〇〇二年九月のアメリカで起こったテロ事件がある。そのときのアメリカが使った「テロリズムに対する戦争」の論理は、イスラエルのシャロン首相にパレスチナ人弾圧に対する正当性を与え、パレスチナ人に対するこれまで以上に厳しい弾圧が始まった。一方で（一部アラブ諸国から援助を受けながら）、パレスチナ人は自爆テロを連続して行い、報復が報復を呼び、和平交渉は遅々として進まない。この悪循環を中東の外から眺めていると、お互いが殲滅してしまうまで抗争を続けるよりほか、問題解決の方法はないのではないか、と絶望的な気持ちになるほどである。

コンコルディア大学事件に対するメディアや市民の反応は、モントリオール市長と同様、表現の自由という民主主義的価値への冒瀆に対する非難がほとんどで、アラブ系抗議者たちへの同情的意見はメインストリームのメディアにおいてはまったく見られなかった。民主主義社会では、たとえ賛成できないとあっても、メディアにおいては、相手に表現の権利を認めること、そして、その意見に耳を傾けることが約束事である。この事件は、片方の主張をもう片方が暴力によって鎮静させようとしたという、非民主主義的な、恥ずべき事件であったという声がさまざまなところから聞こえてきた。民主主義の国、そしてマルチカルチュラリズムが政策として掲げられている国では、双方の主張が公的に発信され、お互いの主張に耳を傾けるといった態度が見られるべきであった。カナダ社会はそれを確認した上で、アラブ系学生による暴動に対して強い批判の立場を取った。

この事件を見ていて感心したことは、メディアや市民からはアラブ系学生の取った暴力的行動に対する非難が出たが、彼らの中東情勢への見解やものの見方に関しては、まったく非難が出なかったことである。イスラム教やアラブ系住民に対するステレオタイプ的意見も出なかった。つまり、カナダ社会では民主主義の原則を守ることが何よりも重要で、意見を自由に表現することは、「表現の自由」としてカナダの人権憲章によって保障され、社会のなかで実行されているのである。新聞やメディアの報道を見ていて、暴力は批判されるべきだが、意見を主張する権利は守られねばならないというカナダ社会の価値観をまざまざと見せられた思いがした。一部の人の行動を見て、その人が所属するグループをステレオタイプ化することは非常に危険なことであるが、その現象が微塵も見られなかったカナダ社会には、民主主義社会という観点から学ぶべきことがあるはずだと確信した。

マルチカルチュラリズム政策への批判

夫が育ったのは、トロント市郊外のオークビルという町である。オークビルはトロントに比べると白人人口が圧倒的に多い小さな町である。彼は子どものころサッカーチームに参加していたが、よくトロントまで出かけては子どもサッカーチームと試合を行った。子どもながらに不思議だったのは、トロントのサッカーチームをみると、あるチームにはイタリア系ばかり、別のチームはブラジル系ばかり、といったようにそれぞれのチームは各民族ごとに形成されていたこと。折りしも、ユーゴスラビア内戦が激化し始めた八〇年代、クロアチア系によるチームとセルビア系によるチームの間でゲームが始まると、たちまち争いが起こったという。ユーゴスラビア出身の夫の父は、過去の諍いを新しい国にもたらした同郷人たちを批判したが、彼の主張に耳をかした人はいなかったそうである。

カナダ社会は、海外で起こっている紛争や事件に過剰な反応を見せるという意味で、時折、非常に脆弱に見えることがある。世界で民族紛争が起こるたびに敏感な反応を見せるカナダ人たちは、自分たちのアイデンティティとして「カナダ人」というより自分たちの人種や民族、宗教を優先させている。たとえカナダに市民権を持っていても、自分の出身国に紛争が起こるとそちらに自分を同化させる。その過程では、カナダの価値ですら蹂躙してしまう。こうした人たちの存在は、マルチカルチュラリズム政策の批判の一部となっている。

カナダのマルチカルチュラリズム政策に最も手厳しい批判を加えている一人にネイル・ビスンダス（Neil Bissoondath）という人がいる。インド系、トリニダード生まれの彼は、七〇年代に移民としてカナダへとやって来て、のちにカナダ国籍を取得している。ビスンダスは、マルチカルチュラリズム政策が十分に機能していない、あるいはその目的とは裏腹にさまざまな現実問題を生みだしていると主張する。

　興味深いのは、ビスンダスの批判の一部が移民そのものに向けられていることである。彼はカナダ国籍を持っていながら、出身国（あるいは先祖の出身国）へのアイデンティティを優先させる人たちに対して、同じ移民としての立場から厳しい批判の矛先を向けている。こうした人たちにとっては、カナダ国籍が意味するのは、単にパスポート（カナダのパスポートは国境越えに有効である）と何かあった場合の安全な避難場所、そしてカナダ政府が市民に提供する福利厚生（年金、医療費、生活保護など）という意味でしかない。カナダ人としての誇りを持たず、カナダが大切にする民主主義的価値を無視し、マルチカルチュラリズム政策を悪用する。こうした人たちは、比較的寛容なカナダの移民政策につけこみ、ロイヤルティの複数化を誤用し、自分たちの身の安全だけを考えている。彼らのようにロイヤルティをカナダ以外に置き、国民としての義務を忘れ、利益だけを楽しんでいる搾取的なカナダ人の増加は、カナダという国の統合に悪影響が及ぶと警告している。*

　ビスンダスは、カナダの国家的統合という問題についてしばしば言及している。

　たとえば、カナダのマルチカルチュラリズム政策は、移民に対して行き過ぎた待遇を与えているが、それが移民に「カナダ人としてのアイデンティティ」を育むことを妨害し、それぞれの民族グループ間の隔離を促進していると警告している。

さらに、たとえカナダ人として誇りを持っていても、移民としてカナダに来た人たちは、いつまでたってもハイフン付きカナダ人（「日系カナダ人」、「中国系カナダ人」、「インド系カナダ人」、「ロシア系カナダ人」）と見なされる。各民族グループのヘリテージを保存しようとする目的が、逆にカナダ生まれのカナダ人と移民との間にいつまでも境界線を引き、カナダの統合（国家的統一性）を妨害している。このビスンダスの主張は、自分の祖国を見限り、今やカナダ人としての誇りを持つ移民たちの不満を言い当てており、多くの人たちの賛同を得ている。

また、カナダ政府が市民権を取得した移民（自動的に選挙権が与えられる）に対し、選挙の説明書を公用語以外の言語（中国語、ポルトガル語など大きな民族グループの言語）で用意している事実を例示し、サービスの行き過ぎを批判している。市民権獲得のテストでは公式言語を理解しなければ試験にパスできないはずで、カナダ市民なら公式言語（英語、またはフランス語）を理解するのが当然、というのが理由である。ビスンダスの批判

＊Neil Bissoondath, Selling Illusions, Penguin, 2002

は、マルチカルチュラリズム法が移民を過保護に扱い過ぎている現実を露呈し、移民がカナダ市民としての義務を忘れさせる原因となっていると指摘する。

さらに厳しい批判として、マルチカルチュラリズム政策とは、各文化の保存というよりは、マジョリティ文化保護のための苦肉の策であるという意見が一部にある。つまり、各「エスニック文化」がマジョリティの文化（つまりアングロサクソン的文化）と混ざり合わないようにすることで、マジョリティの文化の純潔性が保持されるという意見であり、簡単に言えばマジョリティとエスニックの文化の結婚を防ぎ、それによって生まれる文化的混血を防ぐことである。そのため、マルチカルチュラリズム政策に対する最も厳しい批判を表わす言葉として、「cultural apartheid（文化隔離）」という言葉を当てはめることがある。

もしそれが本当であるなら、マルチカルチュラリズム政策とは、かつての南アフリカにおけるアパルトヘイトのようなあからさまな差別ではないうえ、双方ともに利がある非常によくできたカムフラージュ政策であろう。一方では少数民族の権利と自由を守ることを約束し、他方ではマジョリティの文化の継承を保護する。しかし、こうした意見には慎重であるべきである。

仮に、マジョリティの文化が他の「エスニック文化」と混ざり合うことを嫌う声があるとしても、もう一方ではエスニックのなかにもマジョリティ文化と混ざり合うことを快しとしないという現実も実際に見られる。要するに、マジョリティであろうとマイノリティであろうと、独自の文化というものを継承しようとすれば、多かれ少なかれ排他的にならざるを得ない、という現実は看過されるべきではない。

文化保存という名の排他主義

カナダの日系人コミュニティの現状を例にあげてみたい。

私は日系コミュニティに積極的にかかわっているわけではない。今のところ、私にとって日系コミュニティとの接点が見出せないから、どちらかというと日系コミュニティを遠巻きに眺めているといった感じだと思う。

最近、全カナダの日系コミュニティの代表たちが集まる全国会議が開かれた際、たまたま知人に呼ばれて参加した。

会議には大別して二種類の人たちが出席していた。まずはカナダ生まれの日系カナダ人。彼らは日系人の両親を持つ二世、三世で、ほとんどが日本語を理解しない。見た目は日本人のように見えるが、中身はカナダ人に極めて近く感じられる。もうひとつのグループは戦後移住者である。日本からカナダへの移民が活発になった七〇年代、八〇年代、それ以降に日本からやってきた日本人移民で、「移民」と言わず、むしろ自らを「移住者」と呼ぶ。参加者はそれぞれ知己を見つけては親しげに語り合っていたが、そのようなコミュニティのミーティングに出るのも初めて、さらに移住者グループのなかでも最も若い世代の私にとっては、少々窮屈に感じた。

さて、このような状況だから、私は日系コミュニティのなかで全国大会を開いてまで話し合う必要のある問題とは何なのかを知りたいと思っていた。分科会や全体会議に出席するうちに、日系人の興味関心は「いかに日系の文化を継承していくか」という点に絞られていることに気がついた。英語しか話さない日系人の口から「日本文化の継承」という言葉が出たことは、軽い驚きを誘った。私の心のなかには、疑問が渦巻き始めていた。「この人たちは外見は日本人に見えるけれど、中身はカナダ人とまったく変わらない。ましてや、ほとんどの人が日本語教育を受けていないし、日本に行ったこともない。日本人の血統を引くとはいえ、この人たちにとって日本文化とは何を指すのだろうか」。

会議のなかには、日系人と移住者がともに日系コミュニティの問題を話し合うために、二〇人ぐらいのグループに分かれて話し合う企画があった。話の文脈は忘れてしまったが、誰かが日系人は移住者に何を望んでいるのかを尋ねたとき、日系人のひとりが私たちに向かってこう言った。

「日本の文化を伝えてくれることよ。たとえば、民謡やおもちの作り方を教えてくれるとか……」

そこで私は、こう叫んでしまった。

「おもちの作り方なんて知らないわ！」

ついでに言えば、民謡も知らない。そのとき、日系人が問題にしているのは日本の伝統的文化なのだと気づいた。文化を守ることにはそれなりの意義があることは認めるが、文化とは常に新しい要素を取り入れながらダイナミックに変容を受けているはずだ。私には、それにもかかわらず、日系人が未だに伝統的な日本の文化継承にそれほどまでに力を注いでいる現実がその時はよく理解できなかった。

もうひとつのエピソードをあげてみたい。バンクーバーから来ていた方が非常に興味深い話をしてくれた。

日系コミュニティの会長になるには日本人の血を引く日系人でなければばならない。これは規則である。どうしてかと言うと、そう決めておかなければ「白人に乗っ取られる恐れがあるから」だという。それは、まさしくドイツがゲルマン人種にだけ国籍を与えていた現実と同じで、血統主義的な、別の言葉でいえば差別的なルールである。

「しかし、たとえば、日本語を話し、日本文化に精通した白人と、日本語を理解せず、日本文化に何の興味もない日系人と、どちらが日系コミュニティにとって大切かという問題がある。バナナになってしまった日系人の面倒までとても見きれない」

まったく同感である。「バナナ」とは、外見は黄色だが、中身は白色という、白人文化に浸って育ったアジア系の人たちを指す言葉である。

血統や人種にかかわらずすべての市民が受け入れられるマルチカルチャー社会のなかで、その一員である日系コミュニティに、ある種の血統主義があるというのは何とも皮肉なことではないか。そして、この現実は、「各民族的、文化的価値を尊重する」マルチカルチュラリズム政策によって少なからず影響を受けているというのもさらなる皮肉と言えよう。

他の文化に開かれていながら、どうやって特定の文化を継承していくか。マルチカルチャー社会は、時折、将来私たちが対峙するであろう問題を垣間見せてくれる瞬間があるものだが、この文化と文化のせめぎあいという問題も、今後私たちは世界レベルで目撃することになるだろう。これはマルチカルチュラリズムの難しさの一面を示す例であるとともに、今後グローバライゼーションの進化とともに少数文化・民族・国家にとって切実な問題として迫ってくるに違いない。一方には、文化や民族消滅の危機がある。もう一方にはメインストリーム文化（あるいは世界文化）がとめどない波のように押し寄せてきて、それを押しとどめるための堤防など見つかりそうにない。

このことは国家レベルでも同じことが言えるのではないか。同じ血を引く、同じ外見である、というだけでは、共通の基盤の上に将来を築き上げることに無理がある。血統主義的な考え方に無理がある以上、国家はそれにかわる何を基盤に国民の国家的統一性を保持すべきなのか。コンコルディア大学の事件がヒントになるかも知れない。あの事件で、カナダ社会が再確認したのは、言論の自由は守られねばならない、ということと、暴力で相手をねじ伏せるようなことがあってはならない、という国の基盤となっている民主主義的な価値であった。

私たちは現在、何故に国家という名の下に身を寄せ合い、生活しているのか。民族や血統によって集まっていない国家では、このことが何度となく国民の間で問題にされ、取り上げられ、議論されなければならない。そして、そのたびに私たちは自分たちの国がどういう国であって欲しいかを探り続けて行くのだと思う。

第Ⅳ章　カナダに移民排斥の動きが見られない理由

カナダに来て一年ほど経ったころだったと思う。図書館で手に取ったフォーリン・アフェアーズ誌に乗っていた一枚の写真に、私は言い知れぬショックを受けた。その写真は、違法にボーダーを越えてくるメキシコ人排斥を求めるデモの一シーンだった。ある女性がアメリカの星条旗を掲げながら、プラカードを持ち、厳しい表情で叫んでいる。そのプラカードには、「妊婦の違法移民への手当てに反対。彼らを強制送還せよ！」と書かれてあった。その写真が掲げられた論文には、メキシコと国境を接する地域では、不法労働者の増加が移民に対する悪感情をあおっている現実が描かれていた。

アメリカ南部に限らず、移民排斥の動きはリベラルなはずのヨーロッパでも見られる。トルコ系のゲストワーカーに対するネオナチの対応はよく知られているが、ゲイ（ホモセクシャル）の結婚や安楽死を許容するデンマークやオランダなどでも移民、移民政策に対する風当たりが強くなっている。

移民として、私はこの動きにとても無関心ではいられない。しかし、トロントに三年間暮らすなかで、これまで移民として憎悪の対象になったことは一度もない。カナダにも人種差別的な考えを持つ人たちはもちろんいるが（世界中どこの国にもいるように）、ヨーロッパやアメリカに比べると、現在のトロントは移民にとってかなり安全な居住地であるように思われる。この章では、カナダではなぜ移民排斥の動きがほとんど見られないのか、その理由について考えてみたい。

移民反対をとなえる政党がない

発展途上国から豊かな先進国へと、人の流れは止まることを知らない。そうした人の流れに対して、先進国は国境を高く築きあげようと躍起になっている。それと同時に、世界中でナショナリズム的な結束を求める動きが増えている。

ナショナリズムは、「民族や言語、アイデンティティ、共有された歴史的経験や文化に関する共通認識、神話や宗教」[*]を核とし、こうした「文化」の維持を目指す。たとえば、ヨーロッパ各国をはじめ、(メキシコとの国境付近の)アメリカ南部の移民排斥運動、極右政権の誕生(イタリア、オーストリア)などに、この傾向が顕著に現われている。一般的に言って、失業率が増え、景気が悪化すると移民排斥の傾向は高まる。ナショナリズム支持者にとって、共通の文化を共有しない移民は憎悪の格好のターゲットである。

カナダには、移民反対の政策を掲げる政党は存在しない。あえてそのスタンスに最も近い党を探すと、アライエンス党ということになるだろうか。アライエンス党は国土の広いカナダで、東部中心の政治に対して西部の意志を国会に伝えるという使命を掲げ、支持層はアルバータ州やサスカッチュワン州などの中西部(大規模農場や牧畜がおもな産業で、

*Oxford Dictionary of Politics, 1996

近年の移民率は低下している）に限られている。移民の多い東部（特にカナダ全移民人口の三六％が暮らすトロント）やアジア系移民の多い西海岸ではまったく不人気である。石油産業、林業、農業などの一次産業が強い中西部は、歴史的に見ても貿易などにアメリカとの関係が強く、アライエンス党の主張もこれを反映してアメリカとの政策協調にも積極的な態度を見せている。

カナダの政党のなかで、カナダのオープンな移民政策（与党リベラル党が進める）に最も批判的な立場を取っているアライエンス党も、党の方針として移民反対を主張したり、移民に対する差別的な言動を取っているわけではない。カナダの人口（三一〇〇万人、Statistics Canada, 2001）と経済力を維持するためには、移民の受け入れは必要不可欠であるが、その事実はアライエンス党も認めている。彼らが主張しているのは、移民や難民の選抜方法の変革、そして時折悪意ある人たちに利用される寛容な政策の変革であって、移民排斥ではない。なかには、口を滑らせてアンチ移民的思想をちらつかせるアライエンス党の政治家もいることはいるが（最近、ブリティッシュ・コロンビア州にアジア系人口が増加していることから「アジア人による侵略」と言って辞職を余儀なくされた議員がいた）、党の政治目標としても人種差別的言動を掲げているわけではない。カナダでは、たとえば、オランダやオーストリア、フランスなどのように移民排斥を訴えるような政党が誕生する可能性は今のところほとんどないといっていい。だから、アライエンス党に対して「移民排斥の立場に最も近い」と言うと語弊があるかもしれない。

最大の民族グループでも人口の一三%

カナダに移民排斥の動きがほとんど見られない理由は何なのか?

理由のひとつは、マジョリティにあたる民族グループというべき存在が見あたらないことであろう。カナダでは、最大の民族グループであるイギリス系ですら、その割合は、わずかに一三%に過ぎない。二番目のグループのイタリア系は七%、中国系も同じく七%。つまり、カナダにはマジョリティのグループといえる民族グループが存在しないのである。このため、圧倒的な数のマイノリティにとって、マジョリティからの同化の要請には大した強制力がない。

ふたつめに、自分の身内や知人に必ず移民がいることがあげられよう。北米先住民を除き、だれもが家系をたどれば必ず移民にあたる、それがカナダという国である。したがって、多くのカナダ人は移民に対して同情的である。政治家、ジャーナリスト、知識人、芸術家のなかにも両親、あるいは祖父母が移民として体験した経験を根底に置いて仕事をしている人たちがたくさんいる。

たとえば、先にも述べたように、現在のカナダの元首である総督は、中国系移民の家庭に育ったエイドリエンヌ・クラークソンである。彼女の総督就任式が行われたのは、私がトロントに来て間もない一九九九年の秋であった。クラシックなドレスを着たクラークソンは、赤いベルベットの大きな椅子に座ってスピーチを行ったが、隣には夫である作家のジョン・ラルストン・サウルが座っていた。就任スピーチの際、彼女は移民国としてのカナダのアイデンティティを自分の両親の経験になぞらえて語ったが、多くの移民の心を打つ非常に感動的なスピーチだった。

最も有名なカナダ作家のひとりマイケル・オンダージェはスリランカ出身である。そういえばつい最近、英語によって書かれた小説に贈られる文学賞であるマン・ブッカープライズの二〇〇二年度の候補者リストが発表され、カナダからは三人の作家がノミネートされた。この三人が三人ともカナダの外で生まれたカナダ人作家であったことは注目に値する。ロヒントン・ミストリーはインドのボンベイ出身、ヤン・マーテルはスペイン生まれ、キャロル・シールドはアメリカ生まれである。

本人が移民でなくても、両親、あるいは祖母や祖父が移民であるという著名人も多い。ジャーナリストのなかにも、中国系移民の両親を持つジェン・ウォン、ナイジェリア出身のケン・ウィワ（父親は軍事政権に処刑されたナイジェリアの作家のケン・サロ・ウィワ）などが全国紙 The Globe and Mail のコラムニストとして、常に移民に対する視線を据えてすぐれた記事を書いている。こうした人たちが移民排斥に厳しい態度を取るのは自然といえるだろう。そのため、カナダの社会には、どこか移民排斥を訴える人に対して、embarrassed（恥かしい）、あるいはshame（恥）といった言葉をあてはめる空気があるように思う。

旗幟鮮明な政府の政策

カナダに移民排斥の動きが見られないもうひとつの理由は、政府の対応に拠るところが大きい。カナダは、一九七〇年代後半から一九八〇年代にかけて国の根幹にかかわる大きな転換期を迎えた。現在多くの人が持っているカナダという国に対しての印象――人種差別のない国、多文化主義の国――はそれ以降につくられたものである。それ以前のカナダ史には、どの国もそうであるように多くの汚点が残っている。北アメリカ先住民からは過去に土地を取り上げ、白人文化への強制的同化を政策として進めた。第二次大戦中には、ナチの迫害を逃れてきたユダヤ人の上陸拒否をはじめ、一九四一年の真珠湾攻撃以降は二万三〇〇〇人の日系カナダ人の財産を没収して売却し、中西部の収容所へ送っている。また、オンタリオ州がアフリカ系の子どもたちへの人種的な隔離教育を改めたのは一九六四年になってからである。

いわゆる「ホワイト・カナダ」に別れを告げたのは八〇年代になってからで、カナダが開かれたイメージを持つようになったのは、この時代、特に一九八八年のマルチカルチュラリズム法が施行されて以降である。たとえば、一九四五年から七年までの間、最大の移民供給地はヨーロッパであったが（七〇〜八〇％）、一九八一年から八六年にかけてはアジアがこれに取って代わっている（四三％）*。戦後、（カナダが最も好ましいと考えていた）イギリスからの移民は減少し、カナダ政府も他のヨーロッパ人（非アングロサクソン、非プロテスタント）に国境を開かざるをえなくなった。彼らは人種的、宗教的には異なるとはいえ、文化の一部を共通にするヨーロッパ人であった。しかし、東ヨーロッパからの移民にも不足してくると、今度は非ヨーロッパ圏の移民を受け入れる必要性に迫られた（一九六二年）。少子化、労働力の維持、人口の保持。カナダにとって、移民受け入れは必至であった。初期のカナダ移民史が伝えているのは、アングロサクソン系によって行われていた人種差別的な移民選抜の事実である。一九六〇年代以降、いったん門戸を開くと、香港系中国人、インド人を中心とするアジアからの移民ラッシュが続いた。さらに、中東、カリビアン諸国からの移民、アフリカ系移民などが、人種差別的な移民政策をもつアメリカを避けてカナダを目指すようになった。アメリカからヴェトナム戦争反対派や兵役拒否

*Canadian Multiculturalism: A Discussion, M.V. Naidu, Peace Research, 1995

者、ヒッピーなどが国境を越えてやってきたほか、チェコやヴェトナムから難民を受け入れたのもこの時代であった。

一九七〇年代頃から、カナダでは政府が中心になって移民や難民を積極的に受け入れる一方で、人種差別に対する強い罰則を政策として打ち出してきた。

カナダが大きな方向転換を果たした一九七〇年代、八〇年代前半に首相を務めていたのは、ケベック州出身のピエール・トゥルードー（Pierre Elliot Trudeau, リベラル党）であった。トゥルードーは、カナダ歴代首相のなかで最もカリスマ性をそなえた首相で、亡くなった今でもその人気は衰えていない。一九七一年、トゥルードーは世界で初の試み、マルチカルチュラリズム政策に乗り出すことを宣言した。正義感と愛国心に燃えたトゥルードーは「正義の社会」に向けた改革を推し進め、一九七六年にはフランス語と英語を公式言語とする「バイリンガリズム法」を取り入れた。さらに、一九八二年には、人間として一人ひとりが持っている権利と自由を守ろうとする人権保護の法律「カナダの権利と自由の憲章（Canadian Charter of Rights and Freedoms）」の施行が続く。一九八八年にはマルルーニ政権が「マルチカルチュラリズム法」を制定したが、この法律に述べられているのは、文化的多様性の保存、異なる民族文化への理解、人種差別の撤廃と罰則、そして移民の統合などである。こうした法律の原点となっているのは、民主主義的価値、すなわち平等的な人権の尊重という一言に尽きる。

これら一連の政策や法律こそ、現在のカナダという国の根底にある思想的拠所であり、今でもカナダを纏め上げるひとつの大きな力として作用している。過去の伝統や価値観を保持するというより、「移民を受け入れる国」として世界の文化に開かれてあることが将来のあるべき国家の形として示された。この将来のビジョンは、カナダという国のゆるやかな結束の原動力となっている。

移民排斥のセンチメンタリズムは、ナショナリズムに由来することが多い。ナショナリズムが求めるのは、イデオロギーや民族性といった、いわば強固なアイデンティティを核とした国家の結束で、さきに述べたカナダの「ゆるやかな結束」の対極に位置する。強固なアイデンティティによる結束では、その段階で、第三項排除が戦略として使われる。イスラム原理主義、ヒットラーのナチス、冷戦期のソ連とアメリカ、中国共産党を見てもわかるように、内部的結束を図るために、彼らが共通して取った戦略は、敵、あるいは憎悪の対象を作り上げることであった。しかし、憎悪のうえに成り立った結束が導く先は地獄以外にはない。なぜなら、こうした結束は、内部の反対者や反逆者、不満分子に対する過酷な吊るし上げなどの弾圧を要請し、システムから柔軟性を奪い、いずれ内部崩壊する以外にないからである。

現代のカナダ人は、かつてのプロテスタントのアングロサクソン系白人が支配的であった、かつての「ホワイト・カナダ」を失ったことを嘆いているだろうか。私にはそうは思われない。カナダは過去の価値を「守る」ことよりも、新しい未来を多民族によって「創り出す」方向に向かっているように見える。

時代がかわれば、価値観やイデオロギー、美の概念は変容を余儀なくされる。百年前のカナダでは、白人以外がカナダ人であるという事実は受け入れられなかった。しかし、現在、誰もがカナダ人になりえる。時代の変化のなかでは、何ひとつ不変であるという保障はない。ましてや人やものが活発に、迅速に流れるグローバライゼーションの時代には、過去や現在にあるものにしがみついて、それを不変のままにとどめようとする努力は空虚でむなしい。

今後、先進国の多くは好むと好まざるとにかかわらず、移民の受入れを余儀なくされるといわれる。もはや、移民を受け入れるべきかどうかを議論している場合ではなく、移民を受け入れた場合、どのようにしてよりよい社会をつくっていくのかを考えるべき時にきている。マルチカルチュラリズム政策は、この現実に対するカナダ政府の答えである。この政策の根底にあるのは、一人ひとりの市民が肌の色や宗教、出生地に関係なく、同じ権利を保障され、同じ義務を負い、そして社会正義に向けた国づくりを進めていくという民主主義的な普遍的価値の実現である。

実際、私は、カナダという国、トロントという都市に住んでいて、この国のエネルギーが将来に向かっているのを肌で感じる。この国では窮屈なアイデンティティの押し付けがまったくない。

多様性こそカナダの文化である。

この言葉を誇らしげに繰り返すカナダ人にとって、国を愛する気持ちは多様性の受容と同義なのである。

第Ⅴ章　九・一一以降のマルチカルチャー社会

二〇〇一年九月一一日に起こったアメリカ爆撃テロは、「マルチカルチュラリズム」を政策として掲げ、「寛容さ」を自称するカナダ社会に大きな混乱を招いた。世界中からさまざまな信条を持つ人たちが集まるカナダ社会は、事件直後、驚くほど脆弱に見えた。イスラム教徒へのヘイトクライムはマルチカルチュラリズムの幻想をことごとく一掃したが、その一方で、民族や信条を超えた連帯が見られたことも伝えておきたい。

この章では、九月一一日の事件がカナダ社会や世論に与えた影響、また、マルチカルチャー社会に暮らす市民の取った対応について見てみたい。

九・一一の衝撃……カオスと揺らぐ楽観主義

カナダに来て数日後、ぼんやりとテレビを見ていたら、コメンテーターの一人が、「インドとパキスタン、イスラム教徒とユダヤ教徒の抗争をはじめ、世界各国では血なまぐさい争いが起こっているが、カナダでは異なる人種、宗教を持つ人たちが平和に暮らしている。これがマルチカルチュラリズムのすばらしさであり、カナダが世界に誇ることのできる点である」といったようなことを述べていた。

確かに、その後トロントでの生活に慣れていくうちに、「異民族の共存」の現実を目の当たりにするようになった。同じコンドミニアムには、インド系カナダ人とパキスタン系カナダ人たちが隣り合って暮らしている。政府レベルでは、お互いにしっくりこない日韓関係にもかかわらず、トロントに暮らす私たち日本人は、必ずといっていいほど韓国人の友達を持っている。非営利の宗教チャンネルでは、イスラム教団体の責任者がユダヤ教のラビと向かい合って座り、寛容さ、精神生活の大切さを述べながら、最終的に平和の貴重さについて合意していた。そうした状況を見るにつけ、宗教や人種の違いにも係わらず平和的な共存は可能であるというアイデアを、カナダは世界に示すことができる唯一の国なのではないか、そう感じた。

しかし、二〇〇一年九月一一日以降、この楽観主義は揺らぎを見せ始めた。事件直後、私の目に映ったカナダのマルチカルチャー社会は、各民族グループが乱立するまとまりのないカオスであった。テロリストがイスラム教を盾にしていることがわかると、カナダに暮らすイスラム教徒はヘイトクライム*のターゲットとなり、マイノリティ・グループに属する一人として、私でさえ今まで経験したことのなかった不安を覚えるようになった。モザイク社会のなかの各民族グループによる分裂が、これほどまでに際立って見えたことはなかった。

九・一一から数日後、オンタリオ州の中規模の町ハミルトンにあるヒンドゥー寺院が放火された。イスラム教徒への言葉による中傷、落書きや脅迫などの被害が数件報告されたが、なかでも、ヘッドドレスと呼ばれる頭を覆うドレスを着ている女性たちは、一見して

＊特定のエスニシティに対する非難や中傷などは「ヘイトクライム」と呼ばれ、犯罪と見なされる（カナダ刑法318-320, 718.2）。マルチカルチュラリズムを政策として掲げるカナダは、当然のことながらヘイトクライムに対しては厳しい態度を見せていた。

すぐに知れるため、被害の可能性が高かった。中東出身の人たちは夜の外出を控え、子どもや女性たちはできるだけ固まって歩くなどの自己防衛を取った。さまざまな文化背景の学生が学ぶことで名高いトロント大学のキャンパス内でさえ、ヘッドドレスの女性学生がイスラムを罵倒する言葉を浴びせ掛けられた。テロリストと同じ名前をもつ多くのイスラム教徒は改名せざるを得なくなった。オンタリオ州で働くアラブ系の名前を持つ放射線技師が、何の理由もなく解雇されたという信じられないようなレポートも紙上に見えた。

その後、トロント郊外にあるイスラム教モスクでは二件の放火が報告された。被害は、イスラム教徒のみならず、ヒンドゥー教徒であるインド系の住民にまで及んだ。

一方で、ユダヤ系に対するヘイトクライムも見られた。まず、ニューヨークとワシントンの事件直後、世界貿易センターの惨事を予告するEメールがユダヤ系の人たちにだけ届いていたという噂がネット上に流れた。* それから、しばらくして、シャロンのイスラエル政府が国際的非難を浴びるようになると、トロントで最も古いシナゴーグ（ユダヤ教の寺院）に火が投げ込まれ、数多くのイーディッシュ語の文献が燃えた。

九・一一から一年たった二〇〇二年九月、アメリカ・イスラム関係に関する評議会カナダ（Council on American-Islamic Relations Canada, 略称 CAIR-CAN)」は、カナダに住むイスラム教徒の生活がここ一年間にどう変化したかについてのアンケート調査を行った。調査によると、ヘイトクライムを体験したイスラム教徒は約六〇%、ヘイトクライムを体験した人が身近にいると述べたのは約八〇%であった。一方、カナダ人の約三五%がアラブ諸国、中近東出身者に対して不信感を抱いており、九・一一以前の調査時と比べると八%の増加を見た。**

こうした一連のヘイトクライムは、平和的共存と寛容さを謳い文句にするカナダのモザイク社会の理想に大きな疑問を呈した。紙上には「寛容さ」を叫ぶ声があふれ、九・一一はカナダのマルチカルチャー社会の試金石である、といった論調が目につくようになった。実はカナダのマルチカルチュラリズムは幻想で、実際はお互いが無関心になっているか、あるいは不寛容さに蓋をして見ないようにしているに過ぎない。その証拠に、九・一一のような事件が起こると、こうした不寛容さは一気に爆発し、ヘイトクライムの連続へと導いてしまう。マイノリティ・グループの間ではそうした意見が聞かれた。

＊ 私が知る限り、そうしたレポートは新聞記事としては記されてはいなかった。
＊＊"Don't Shackle Us to 9/11 (Sheema Khan)" The Globe and Mail, September 12, 2002

移民政策にも大きな修正が加えられた。九・一一事件の調査が進むにつれて、カナダ国籍を持つテロリストたちの関与が明らかになってくると、アメリカ政府はカナダを「テロリスト天国」と名指しし、カナダ政府に移民政策における緊急の対応を迫った。

市井には、さすがに移民排斥といった意見は見られなかったが、これまでの移民政策を見なおそうという意見が目立った。隣国アメリカとは違い、カナダは世界各国の移民や難民に対してオープンな移民政策を自慢としていたが、こうした寛大な移民政策の抜け穴、それを最大限利用しようとしている移民や難民がいる、という話が次々と語られた。

そして、移民にはレジデンス・カードというＩＤカードの携帯を義務づけるという話もでて、一年以内にそれがシステム化されると言われている。また、あらゆるアラブ系住民を捜査のターゲットにするという人種プロファイリングの必要性も語られたが、さすがに差別的であるという意見が圧倒的で、その案は結局立ち消えになった。*

カナダのマルチカルチュラリズムは幻想だったのだろうか？

少なくとも最初はそう見えた。平和な時には問題は見えないものである。しかし、いったん問題が起こると、そこが噴火口になってさまざまな問題が噴出する。それは、移民排斥の動きが経済不況の連続につれ増えてゆくのと同じことである。今まで、多くのカナダ人が「マルチカルチュラリズム」という呪文を唱えながら安寧を楽しみ、カナダの統合の欠如を放任していたのではないのか。九・一一以降に見られた社会の「寛容さ」を求める声は、確かに親切なカナダ人らしい発想ではある。しかし、異なる文化や価値観への「寛容さ」は、モザイク社会における各民族グループの分断を埋めるには明らかに不充分である。九・一一以来、カナダの結束は、宗教や人種といった、〈カナダが克服しようと試み

＊アメリカ政府は人種プロファイリングは移民局や警察にとって正当であると公言している。二〇〇二年、インド系カナダ人作家のロヒントン・ミストリーはアメリカ国内でブックツアーを行ったが、この際、人種プロファイリングによる度重なる捜査に抗議し、ツアーをキャンセルしている。

ヘイトクライムから新たな連帯へ

ている）違いによる分断を露呈した。しかし、カナダ人はこれまで同様「寛容さ」を唱え続けた。モザイクなのだから分断は仕方ない、とでも言うかのように。しかし、カナダの掲げる理想は、世界のさまざまな地域から集まった人たちが、ひとつの国家としての統合を目指すことではなかったのか。彼らは同じ国に住み、同じ価値を共有する「カナダ人」ではなかったのか。そう考えるうちに、私はビスンダスのマルチカルチュラリズムに対する批判が的を射ているように思った。

しかし、しばらく状況を見ているうちに、この見方に疑問を持つようになってきた。大体にして、マルチカルチュラリズム政策は人類のあらゆる問題を解く公式であるわけではない。社会に暮らす人たちが完璧な平和を持たない限り、その社会が完璧な平和であるわけがない。この実験には完璧な成功などありえないのだ。私たちができる最大限のことは、この不完全を少しでも改善してベターにしていくことではないか。そして、事件直後の騒ぎが収まりを見せはじめたころ、不完全を改善していくような動きがカナダ社会には明らかに見られた。

カナダのイスラム教徒に対するさきのアンケートは、九・一一以降、イスラム教徒への声援が驚くほど増えたという事実も同時に示していた。道を歩いていて、見知らぬ人に勇気づけられたり、誤解が蔓延するイスラム教について発言の機会を与えられたり、宗教組織、学術組織、文化団体などのさまざまな組織がサポートを約束したという。

私が覚えている限りでは、最も早い対応を取ったのは、日系カナダ人の組織であった。過去、ヘイトクライムのターゲットとなった経験をもつ日系人は、アラブ系市民の盾となることを約束し、あちこちで声をあげはじめた。The Globe and Mail 紙には日系カナダ人作家ジョイ・コガワによるヘイトクライムを非難する詩的で美しいコメントもあらわれた。

日系人に対する悪名高い差別は、第二次世界大戦中、一九四一年の真珠湾攻撃後に起こった。その当時、バンクーバーに集中して暮らしていた日系カナダ人は、財産を政府に没収されたうえ、一家離散を余儀なくされて収容所に送られた。彼らの多くがカナダ生まれのカナダ人であったにもかかわらず、政府は日系人をカナダ人ではなく敵国人と見なした。同じ敵国であったドイツ系カナダ人に対しては同様の対応をしなかったことから、人種差別的な意図があったとも噂された。多くの日系人が、戦後もこのトラウマに悩まされ、日本人の血を引くことを恥じて暮らしてきた。ちなみに、カナダにリトル・トーキョーのような日本人街がないのは、政府が戦後、保安上の理由から日系人に離散して暮らすよう要求したためである。この悲しい出来事に関しては、のちに日系社会がリドレスを求める運動を起こし、結果として一九八八年に政府からの公式な謝罪と賠償を勝ち取っている。*

その苦い思い出は、九月一一日以降イスラム系カナダ人たちが同じような差別や侮辱の対象となったとき、日系人たちには鮮やかに思い出されたに違いない。日系人団体、組織のなかには、大戦中にカナダが犯した間違いを繰り返さないように公の場で自分たちの苦い思い出を語ったり、メディアに投書を送ったりする組織が続出した。これと同じ動きは、アメリカに住む日系アメリカ人の間でも起こったとワシントン・ポストが伝えていた。私は、トロント大学が主催した九月一一日直後の公開討論の会場にいたが、そのなかで日系人によるこうしたサポートについて言及があった。

また、放火されたハミルトンのヒンドゥーモスクの件であるが、その後すぐに近くのキリスト教会が、建物の一部をヒンドゥー教徒に解放したいという提案を出した。ヒンドゥー教徒の一人は、新聞の取材に応えて「こうした連帯はすばらしい。コミュニティに住む人たちが私たちのことを気にかけてくれていて、決して孤立しているわけでないことが実感できた」と語っていた。

マイノリティの声が届く社会

歴史を見ると、カナダで人種差別の対象になったのは何も日系人だけに限らない。かつて、移民といえばイギリスとフランスからの移民に限られていた時代には、ポーランドやウクライナなど東ヨーロッパからの移民は二流国民としてさげすまれた。カナダには奴隷貿易はなかったものの、アメリカから逃れてきた黒人奴隷も、カナダで人種差別の対象になってきた。その後はアジアからの移民たちが社会の最下層となった。中国系カナダ人は、中国からの移民数を制限しようとした政府による差別的な人頭税の徴収にあっている。第二次世界大戦中の日系人に対する人種差別、また、ヨーロッパで迫害されていたユダヤ人の受け入れ拒否は、ともにカナダ移民史上最も恥ずべき出来事であったと記憶されている。黒人に対する教育におけるアパルトヘイトが解除されたのは、わずか四十年ほど前に過ぎない。現在は市民としての権利を勝ち取ったホモセクシュアルも、一九六九年までは犯罪者であった。身体障害者、そして精神病を患った人たちも、かつては同様の差別にあって

＊『日系カナダ人の追放』鹿毛達雄著、明石書店、一九九八年参照。

いた。

こうした悲しい歴史が示唆しているのは、時代が変われば誰もが差別の対象となりえる、という事実である。差別的待遇を経験した人たち、そして彼らの子孫が同じ国内に暮らすカナダという国で、人種や信条にかかわらず同じ傷を同じ傷として感じられる、そうした人たちの連帯が見られるのは、マルチカルチュラリズムの可能性ともいえる。この連帯から、私たちは人種や宗教の違いを超えて、人間として同じように共感しあえることを確認する。人種や宗教などのレッテル付けの背後で、そのなかにいる一人ひとりが、「人間」というより大きなグループに属する一員であるということを思い出すのである。

そもそも、マルチカルチュラリズムというアイデアは決して多文化を一枚岩化することを意味するわけではない。異なる文化的背景を持った民族グループが同じ権利を持ち、いかなる民族グループも個人も差別の対象になってはならない、というのが基本である。そこに埋め込まれているのは、「寛容さ、共感、公正さ」といったカナダが追求し、誇りとしている民主主義的価値であり、同時に民族の違いを取り払ってもなお残る「人権の尊重」という価値である。「分離、分裂」といった側面がマルチカルチャー社会の問題点であるなら、一方で「民族を超えたつながり」はマルチカルチャー社会の理想であろう。

九・一一以降、カナダに暮らす私たちは、現実のなかでその相反するふたつの側面を同時に見てきたといえよう。

多くの国家が、民族ごとに分裂する傾向にあるこの時代に、カナダは統合に向けて歩むことを決意した国である。マルチカルチャー社会に暮らす私たちにとって、世界中で起こっている憎悪や抗争に反応することは、モザイク社会の理想を壊すことになりかねない。

トロントで最も古いシナゴーグが燃えた日、黒こげになった貴重な法典を前に、一人のラビがこう語っていた。「Let us not allow hatred to affect our belief（憎悪によって信じているものを失わないようにしよう）」。

カナダのマルチカルチュラリズムはもちろん完璧ではない。しかし、カナダ政府が先頭に立ち、多くのカナダ人がマルチカルチュラリズムの可能性を信じている。そして、ひとたびマルチカルチュラリズムにコミットしてしまえば、市民の生活は理想と問題点のはざ間で営まれることになる。ヘイトクライムは、マルチカルチュラリズムの理想に対する大きな試金石となったが、カナダ人の多くはそれでもこの理想をいまだに捨て去ってはいない。マルチカルチュラリズムは政策ではあっても、その実現は、そこに暮らす一人ひとりの現実の生活にゆだねられているといえる。

第Ⅵ章　移民たちの就職戦線

移民を受け入れる国にしてみると、学歴や技術を持った移民をより多く受け入れたいというのは当然と言える。なぜなら彼らは国の経済発展に寄与してくれる可能性が高いからである。このため、移民申請をしようとするなら、高学歴、技術を持つプロフェッショナルほど受け入れられやすい。そして、この結果としてカナダでは大都市に行けば行くほど、スキルや高い学歴を持つ移民が掃いて捨てるほどいるという状況が見られる。トロントのような都市では、失業者の多くが移民のなかでも高学歴の人であるという現象が起こっている。

この章では、カナダにおける移民の厳しい就職実態について見てみたい。

三つの移民カテゴリー……家族移民、経済移民、難民

トロントに暮らす人たちは、夏になると郊外へ車を走らせ、「ピッキング」と呼ばれるフルーツ刈りへとでかける。トロント近郊には広大な農作地や牧草地が広がっていて、春先から「ピック・ユア・オウン（フルーツ狩り）」のサインが次々と道端にあらわれる。多くの農家が農場の一部を公開し、イチゴを筆頭にブルーベリーやラズベリーなどのベリー類、モモや梨、さくらんぼ、りんご、プルーンといった果樹まで、夏の終わりまでさまざまなフルーツを提供している。

ピッキング農場には、英語を片言しか話さないメキシコ人労働者たちが働いている。カナダへの移民がヨーロッパ出身者に限られていた時代、農場労働に携わったのはポーランドや旧チェコスロバキア、ウクライナなどの東ヨーロッパからの移民であったが、現在こ

うしたグループに取って代わったのはメキシコ、そしてドミニカ共和国やジャマイカなどカリブ海沿岸からやってきた労働者たちのようである。

同じ民族グループの人たちが同じ場所で働いているという、これとよく似たような状況は、カナダではしばしば見られる。タバコ農場が広がるオンタリオ州南部ウィンザーあたりでは、昔はドイツ系、ヨーロッパからの移民が働いていたものだが、現在はジャマイカからの移民が主な労働力である。彼らは「家族クラスの移民」であることが高い。

現在のカナダの移民システムには、「家族クラス（三九％）」、「経済クラス（四〇％）」、「難民（一四％）」という三つのタイプがある。* そして、これらのタイプは彼らがどういう方法で就職するかに大きく関連がある。さきに見たような農作業、建設労働などの単純な肉体労働に従事する移民たちは家族クラスであることが多い。家族の一員が他メンバーを呼び寄せる「家族移民」は、比較的簡単に移民許可が下りる。公式言語が十分に使えない移民でも、家族はまとまって暮らすべきであるという人道的見地に基づいた対応である。

*Canada's Recent Immigrants – A Comparative Portrait Based on the 1996 Census, Citizenship and Immigration Canada, Jan.2001

移民ビザは簡単にもらえたものの、就職先を探すことは至難のわざである。英語圏（インド、トリニダード、ジャマイカ、ケニアなどのいわゆる旧大英帝国）出身者ならまだしも、英語を母国語としない移民はより厳しい現実に向き合うことになる。管理職、販売員やテレマーケティングのオペレーターといったサービス職に就くには、しっかりした英語が使えなくてはならない。カナダの失業率は七・五パーセント（Statistics Canada, 2002, 9/6）で、カナダ人でさえ就職するには平均二〇〇通の履歴書を送るというのだから、ましてや英語に問題のある移民にとっては選択の幅はより限られる。こうした人たちが就職を探す場合、最もよく利用されるのは、エスニック・グループによるネットワーク（つまり、コネ）である。

私のアパートの裏には大きなコンドミニアム（いわゆるマンション）があるが、最近、そこで改築工事が始まった。毎日、その建築現場から聞えてくるのは、英語ではなくポルトガル語である。お昼になると、耳慣れないフォークソングのような音楽が車から流れてくる。ある日、騒音が煩いので、工事現場を通りかかったときに工事が終わる予定を尋ねてみた。彼の英語にはラテン語系の強いアクセントがあり、出身地を尋ねると、ブラジルという答えが返ってきた。トロントでは、建設労働に従事するのはポルトガル系、イタリア系移民、南米からの移民が多いというのは常識である。

また、たとえばファーストフードのチェーン店などに行くと、ひとつのお店で働いているスタッフみんなが同じエスニックの人である、ということも珍しくない。私が住んでいるセントクレア・アベニューのハービーズではスタッフのほとんどがインド系、そのすぐ隣のピッツァ・ピッツァでは、スタッフはみんな中国系である。カウンターの背後には、ピザを作りながら標準中国語で話をしている人たちが見える。ある移民がチェーン店の権利を買い取って、スタッフ募集という段になると、やはり同じ民族の人たちを選ぶというのも当然かも知れない。

さて、「家族クラス」の移民がいる一方では、「経済クラス」の移民がいる。経済クラスで申請する際には、かなりの額の申請料金を払い、一定の預金高がなければならない。また、学歴、キャリア（職種、就職年数、地位）などが点数制によって審査される。この基準を見ると、選抜的というよりはむしろ差別的とも言えるほど、学歴や職業が重要視されている。その傾向は年々強まる一方で、今年二〇〇二年六月からは大学院終了者以上でなければ選抜移民として受け入れられるのは難しくなっている。カナダ政府は、家族移民や難民などを比較的簡単に受け入れる一方で、経済移民として知識とスキルを持つ人たちを受け入れることで移民のバランスを保とうとしているように見える。

経済移民の厳しい就職事情

これから話したいのは、移民のなかでも経済移民にとって仕事探しは非常に難しいという現実である。私は最初、そうした状況は自分のまわりだけに起こっているのかと思っていたが、カナダ移民局の統計はそれが一般的な傾向であることを示している。*

この統計よると、来て間もない移民ほど失業率が高く、仕事に就いているとしても低賃金労働に従事している。一方で、移民の学歴は年々高くなる一方で、最近の移民の学歴をカナダ生まれの人と比べた場合、男性、女性ともに移民の方が高いという。その数字を見ると、大学卒業以上の学歴を持つ人の割合は移民男性二四％、カナダ生まれ男性一三％、移民女性一九％、カナダ生まれ女性一二％となっている。移民の大半がカナダと比べると生活水準の劣る国からの出身者であることを考えると、これは非常に意味のある数字であると言える。

先にも述べたように、私の友人のほとんどが経済移民で、彼らのほとんどが高学歴を持ち、祖国では責任のある仕事をこなしていた人たちである。ペルー出身のホセは音楽の修士号を持っているし、韓国人のソンヨンと彼女の夫はソウルのサムソンでコンピュータのデベロッパとして働くＩＴ技術者であった。カナダの大学院でPh・D（博士号）を取得した日本人女性は、専門の勉強を活かした仕事をしたいと望んでいるが、現在はパートタイムで別の仕事をしている。また、知人のマヌエルは、ペルーの大学で数学分野のPh・Dを取得しているが、英語が十分でないため、トロントに来て以来三年間、ピザの配達をしているという。彼は妻と六人の子どもをペルーに置いて来ている。一刻も早く家族を呼び寄せたい彼は、仕事を探している暇があるなら手許にある仕事に就く方がいい、と言っている（確かに正社員の仕事を探そうと思えば、最低二ヶ月はかかるといわれる）。夫は、以前タクシーに乗ったらドライバーがパキスタンからの移民で元弁護士だった、と話してく

＊Canada's Recent Immigrants – A Comparative Portrait based on the 1996 Census, CIC, Jan. 2001

れた。しかし、私がもっと驚いたのは彼の追加のこの一言だった。

「そんな話は前にも聞いたことがあったけど、実際に自分の身に起こってみると、多くの優秀な移民が低賃金労働についていることが実感できるね」

以前、The Globe and Mail の記事で、夫はコンピュータ分野の教授、妻は医師であったという中国出身の移民カップルのことを読んだ。医師や看護婦が不足しているという事実にもかかわらず、カナダでは、政府が用意した医師養成プログラムを終了していなければ医師登録できない。彼女にはそのプログラムに参加するだけの資金がなく、言葉も不充分であるため、現在小さな野菜スタンドで働いている、ということであった。先日もパキスタン出身の元医師が現在はアパートの掃除夫として働いている現実が放映されていた。

トロントに住んでいれば、誰もそんな話では驚かないほどこの状況に慣れきっている。

こうした不幸な状況がどうして生まれているかというと、トロントには高学歴の人たち、特にPh・DやMBAを持つ人たちが余っているためである。トロントには、実際、祖国で高等教育や専門教育を受けた「モスト・ブライテスト（最も有望な人）」たちが移民として多数暮らしている。彼らはカナダの経済移民クラスで移民してきた人たちで、祖国では何の苦もなく求職できたはずである。ところが、トロントでの状況は祖国とは全く異なっている。彼らの多くが自分の専門を活かせない低賃金労働についているか、あるいは求職中である。

最近、知り合いになったバングラデッシュ人留学生は、こんなショッキングな話を語ってくれた。政府から奨学金を受けて来ている彼は、国を発つ前に教授から、「私のようになりたくなかったら、ここにはもう帰ってくるな。バングラデッシュには若い才能を活かせるような将来はない」と言われたそうである。その教授は、アメリカで大学院を終えた後、祖国を変えたいと愛国心に満ちて帰って来たが、そこでは不正や汚職、賄賂などが蔓延し、その現実に立ち向かうことに疲れて現在はただ日々の糧を得るためだけに仕事をしているという。もちろん、この留学生も祖国に帰ればエリートとして迎えられるはずである。しかし、カナダのような高い生活水準、市民の自由と権利が守られている社会に暮らしていれば、人生の選択はそう簡単には下せまい。

このエピソードは移民国カナダだけの問題ではなく、今後世界中で起こるべく問題を内包している。つまり、優秀な頭脳が魅力的な先進国へと流れて行き、発展途上国と先進国の人材ギャップはますます開いていくばかりである。カナダ人の多くが、自分たちの「モスト・ブライテスト」が、強いアメリカ・ドルと給料のよさにひかれてアメリカへ行ってしまうブレイン・ドレイン（頭脳流出）を懸念している。しかし、第三世界からカナダへも同様の人の流れが起こっている事実に思い至らない人も多い。

再びカナダ移民局の統計を参照してみよう。最終学歴が大学以上の人の失業率について、カナダ生まれ男性四％、移民男性一五％、カナダ生まれ女性五％、移民女性一八％となっていて、非常にギャップがあることがわかる。一方で、最終学歴がグレード九（中学校以下）の人の失業率について、カナダ生まれ男性二〇％、移民男性二一％、カナダ生まれ女性一九％、移民女性三〇％と、比較的ギャップは小さく、特に男性のケースではわずかに一％違うだけである。この統計が示しているのは、学歴の低い人が求める職種は、たとえば建設現場、工場などの肉体労働で、移民でもカナダ生まれでも関係ない。しかし、高学歴の職種はおそらくカナダ生まれのメインストリーム文化背景の人たちに独占されているため、同じスキルがあったとしてもカナダ生まれが優先されるのだろう。

それなら、高学歴の移民でも比較的低賃金労働の職場を求めればよいと思われるかも知れないが、現実はそう簡単にはいかない。ブルーカラーの職種では、高学歴の移民は嫌われ、仕事を断られるケースがほとんどなのである。自分の経験や友人の話から、それを知った。レストランや販売員などの募集に応じて面接に行くと、履歴書を見た面接官が必ず聞く。「どうしてここで働きたいのですか？」。もちろん、自分のスキルを活かせる仕事が見つからないからだ。しかし、それは言えないからいろいろとありそうな理由を見つけて言う。彼らは結局、経験がないから、というような口実で不採用にする。雇用者にとって、高学歴、スキルのある人たちは心理的に扱いにくい。また、彼らは当然当面の働き口を求めているだけであって、そこに長期就職を望んでいるわけではない。そうなると、やはり高学歴、スキルのある人たちを雇おうという雇用者は皆無と言っていい。

私たちは、しばらくすると履歴書を書きかえるより他ないことに気づく。履歴書改竄といっても、持ってもいない経験やスキルを書き加えるのではない。持っている経験やスキルを削り取るのである。私はこうして学歴や経験を切り取りながら、いつも心のなかに痛みを抱えていた。今まで受けた教育やスキルを削り取っていると、今までの自分を隠さなくては生きていけない移民としての生活の辛さに心が痛んだ。

経済的不安から精神的不安へ

仕事にあぶれた移民にとって、経済的不安は大きい。しかし、それに加えて精神衛生も大問題である。高い専門教育を受けた人がそれを活かせず、日々仕事にあぶれている、あるいは労働意欲もスキルもあるのに言葉の問題で自分の専門とまったく違う仕事をしている、そうした状況は移民に多大な精神的負担を与えている。

私自身、カナダに来てから七ヶ月ほどは就労ビザを待っている状況だったので、その間全く仕事ができなかった。毎朝、家のなかから窓の外を眺めては、仕事に行くのであろう人たちの姿をとらえてうらやましく感じたものである。そして自分のことを振りかえって、自己憐憫と行き場のない怒りを感じた。あとから考えれば、わずか七ヶ月であったが、当時はその時間が永久に感じられた。いつまでもこうして家のなかに閉じこもっているのだろうか？　カナダの冬は長い。カナダでは、冬期にディプレッション（鬱病）が増えるというが、それを身をもって体験した。

仕事を探している間も同じような精神的苦痛を受けることは、休職中の人なら誰もが知っているはずだ。ましてや、それに加えてこれまでに得てきた自分の知識を活かすこともなく、別の低賃金労働に就いていればその苦痛はより大きくなる。こうした状況のなかで、移民には強度の精神力が要求される。残念ながら私には強靭な精神力がなく、徐々にディプレッションの傾向を持つようになっていった。後になって他の移民に聞いてみれば、私のようにディプレッションになったり、完全なペシミストになって将来を楽観視できなくなったり、精神的な挫折により結果的に自殺に追いやられた人など、さまざまな形で精神的な苦痛を受けた移民の話が数多く存在することに気づいた。そして、それを語る人たちのまなざしには、どこかで「でも移民として来たのだからこうした苦労は仕方のないことだよ」というような諦めに似た感情が見えるようで悲しかった。就職に関するストレスが移民に与える精神的悪影響は、専門家のあいだでは深刻な社会問題としてとらえられている。

移民のスキルを活かす社会システムの模索

よく言われるように、問題の一部は移民が持つ知識やスキルを社会のなかで吸い上げるような制度づくりを整えることで改善される。その必要性はメディアや知識人なら誰もが認識している。移民からは、母国で取得したスキルや学位をカナダの会社がまったく認めてくれないという不満がよく聞かれる。

しかし、一部の人たちが注意深く言及しているように、各国のスタンダードの違いを考慮することも必要である。特に医療分野の職業には、細心の注意を払う必要がある。

カナダ社会に暮らす消費者の側に身を置いてみると、専門職（特に医療）におけるスタンダードの違いから移民としてやってきた最初の数年間は現場で働けないという状況もやむを得ないのかもしれないとも思う。病気になったときは、やはり、きちんと言葉でコミュニケーションができ、カナダの医療スタンダードに合致した医師に見てもらいたい。しかし、だからといってこの問題を放置してよいと言うわけにはいかない。

海外で取得した資格をカナダの水準に合わせるためのプログラムやコースなどが必要である。移民の人たちにとってコストがほとんどかからないようなプログラムやコースを政府が提供するか、あるいは政府が助成金を出して移民の再訓練を手助けすべきであるという声がしばしば聞かれる。世間やメディアには、活かされるべき人材やスキルが活かされていない状況は、社会の財産の浪費であると厳しい声があがっている。また、移民局でも、「移民の再教育制度は、優秀な頭脳やスキルを持つ移民を奨励する政府の責任であると認識している」という表現を使っている。そうした声に後押しされ、カナダ政府は最近、カナダの外で訓練を受けた看護婦を公認し、特に人材不足といわれる医療セクターにおける制度的改正に乗り出した。

同時に、移民の側もそれに気づき、カナダの免許や学位を獲得するために、新たに学校に行きなおすパターンがしばしば見られる。カナダ移民局の統計によると、在学中の人の割合は、二五~四四歳のカナダ生まれで二三％、移民ではその二倍以上の四九％、四五~六四歳のカナダ生まれでは七％に対し、移民では三倍以上の二三％となっている。二五~四四歳の約半数の移民が学校に通っているという事実には驚かされるが、まわりを見渡すとその実感が確かに伴う。

幸いにも、シティカレッジやカレッジなどは二年ほどで免許や学位を取得できるプログラムを安く提供しているうえ、パートタイムや夜間のコースも多数そろっている。日本のように入学にともなうストレスはない。また、政府による学生ローンも充実している。私たち移民の多くは、数々の就職面接における失敗から、カナダの教育制度で免許や学位を取ることができれば、たとえ二年かかったとしても長期的に見れば有利であるということを経験的に学んだ、ということができよう。

私のなかには高学歴移民の失業率の高さに不満があると同時に、一方では仕方のないことかもしれない、という複雑な思いがある。新しい国で以前と同じように仕事ができる人はほとんどいない。まずは言葉を学び、生活習慣や社会のコードを理解するなかで、自分のスキルを活かせる仕事を最終的に手に入れることができるが、そうなるまでにはかなりの時間がかかる。実感としてはその時間は五年から十年だと思う。

先に引用したカナダ移民局のレポートには、これを証明してくれるようなコメントがあったので、引用してみたい。

「高等教育を受けた移民に比べ、高等教育を受けていない移民にとっては文化適応のプロセスは短期間である。このことは、高い学歴を持つ移民にとっては、その学歴に応じた仕事を探すことは非常に難しい現実を示している。ただし、文化適応プロセスを経た後は、学歴の高い移民ほど失業率は低くなる」

最近、私の友人たちはハードワークの末、特殊免許を獲得したり、希望する就職先を見つけたり、大学の合格通知をもらったりというよいニュースをもたらしてくれている。これまで、励ましあい、なぐさめあってきた彼らの喜びは私の喜びでもある。時間はかかったが、自分の望んだ新たなスタートを切ることのできた友人たちを見ると、とても他人事とは思われない。

一方では、そこまで忍耐が続かず国を去る人、あまりの重圧に自殺を決心したり、ディプレッションになったりする人などが実際に数多くいる現実も伝えておきたい。移民の精神衛生、心のケアについてはもう少し具体的に考えたいので、次章で詳しく見てみたい。

第VII章　移民たちを襲う鬱病《ディプレッション》

住みなれた祖国をはなれて、言語も生活習慣もまったく違う他の国に住む道を選んだ移民には、精神的なハードルが待っている。文化的違いによる精神的な混乱を意味するカルチャーショックという言葉はよく知られているが、異文化適応の過程で見られるディプレッション（鬱病）についてはあまり知られていないように思う。

しかし、ディプレッションに苦しむ移民の数は驚くほど多い。かくいう私もカナダに来て以来三年間、それに苦しんだ。この章では、新しい国で移民が直面するディプレッションに焦点を当ててみたい。

移民が直面するふたつのハードル

移民の生活はつらい。移民なら誰もがその主張に同意するだろう。言葉の壁、生活習慣の違い、社会のルールへの戸惑いなど、旅行者ならワクワクするようなことも移民はそこをかいくぐって生活していかねばならない。その過程で待ちうけているのは、数々の精神的困難、そして最悪の場合、ディプレッションという底無し沼のような苦しみである。

もちろん、すべての移民がディプレッションを経験するわけではない。私のまわりにはディプレッションとは無関係という移民の人たちもいる。しかし、実際にディプレッションに苦しんだ経験から、移民とディプレッションについて語る必要性を感じざるを得ない。特に、雑誌やコンサルタントが語る海外での暮らしや海外就職についての明るい面の裏側に、こうした苦しみの可能性があることをぜひとも知っておいてもらいたいと思う。

移民がもっとも直面しやすい精神的ハードルには、以下のふたつがある。

ひとつは就職（探し）に関連するハードルである。先の章でも述べたように、移民にとって新しい地で仕事を（それも自分の希望している仕事を）得ることは非常な困難を伴う。言葉の問題はもとより、持っている資格がカナダでは認められないという問題、そして高い失業率（七・五％、Statistics Canada, 2002, 9/6）にあらわれているように、ひとつの仕事を見つけるまでに長い時間がかかること、そうしたことが移民の就職探しをより困難にしている。

仕事を探しているうちに、経済的不安や自分の能力に対する不信や懐疑が生まれることも稀ではない。特に家族でやってきた移民にとっては、経済的不安はより大きな問題として彼らの肩にのしかかってくる。

また、先に述べたように、カナダへやってくる移民の多くが祖国では優秀な「モスト・ブライテスト」と呼ばれていた人たちである。これまでの人生では難なく就職を見つけられた人たちである。失業による自信の喪失は人並み以上だろう。

ふたつめのハードルは文化適応のプロセスにおいて現われる。文化適応のカギは、カナダの言語や習慣、そして不文律の社会ルールなどをどれだけ早く習得できるか、である。しかし、その課程では失敗がつきものである。むしろ、私の経験からいえば失敗のなかからしか、新しい国の言語、習慣、社会ルールを学ぶことはできない。

私はトロントに来て三日目に起こったある小さな事件を決して忘れないだろう。通りを歩いていると、前からやってきた痩せた老女に呼びとめられた。その人が夏なのに長いコートを着ているのをわずかに不審に思いながらも、カナダという国ではとりわけおかしくもないだろうぐらいに思って立ち止まった。彼女は、

「ストッキングを買いたいのだが、どこに売っているか知っている?」

と私に尋ねた。通りの向こうにショッパーズ・ドラッグマートというお店があったので、そのお店を指して親切に答えたが、老女はその答えを最後まで聞きもせず、今度は、

「牛乳はどこで買える?」

と再び尋ねた。さきと同じようにショッパーズ・ドラッグマートにあるだろうと答えようとした矢先、彼女は何か聞きとれない悲鳴のような大声をあげた。あまりの恐ろしさに動けなくなっていると、通り掛かりの男の人が、

「放っておきなさい。見ての通りその人は頭がおかしいんだから」

と背後から声をかけた。「見ての通り」。私にはそれがわからなかったのだ。カナダ人なら見ての通りわかるのだろうが、来て数日の私には誰がおかしくて誰が普通なのか見当もつかなかった。

別の例をあげてみたい。ある中国からの留学生は、偶然隣の席に座った学生(カナダ人)に、取ろうかどうか悩んでいた別のコースのことを尋ねた。その学生はそのコースを

取っているようだったので、留学生はコースの内容をウェブサイトで見るために、（彼の）パスワードを教えて欲しいと聞いた。相手はちょっと困惑したような表情をしたが、紙に書いて教えてくれた。留学生はさっそく家に帰ってウェブサイトにその学生のパスワードを入れたが、うまくいかない。翌週、同じ学生を見つけた留学生は、「書き間違えたんじゃないか？」と聞いたら、相手に「誰が無断で見知らぬ人にパスワードを教えるものか。それがばれたら困るのはこっちじゃないか！」と言われてあっけにとられた。その話は、大学の留学生センター主催の講習会で披露されたが、アジア以外の国からやってきた学生たちは、口をそろえて「聞きたいことがあったら横道なんか使わずに直接教授に聞くのが当然」と言った。それに対して、韓国からの学生は、教授にそんなことを頼むのは迷惑だから、学生同士で助け合うべきだと思う、と言った。そうすると、またまたヨーロッパからの学生は、「でも、それが教授の仕事なんだから」と応答した。

また、これも中国からの留学生（別の）に聞いた話だが、彼女は大学に通う途中、満員電車のなかで老女に大声で叱り飛ばされたらしい。「カナダではね、満員電車に乗るときは自分のバックパックを足元に置くものなの。中国とはわけが違うんだから!!」。かわいそうな彼女はそう話しながら目に涙をためていた。

このように、ほんの些細なルールを知らないことで、周りにとがめられたりすれば、悲しくなる一方でストレスも感じる。文化適応の課程では、新たにマナーを学ぼうとしている移民に寛大な人たちだけではなく、偏狭な人たちにも出会う。そうなると、精神的な苦痛は自信喪失にもつながりかねない。

一方で、文化適応の段階で出身国の文化に対してひどく嫌悪を感じるようになる場合もある。自分と同じエスニシティの人たちと交わろうとしなかったり、食べ物を嫌ったりして、とにかく適応を急ぐ。こうした例の典型を、以前、ウェブサイトで目にしたことがある。寮に暮らしていたその日本人は、ルームメイトからキッチンに置いていたお味噌汁が匂うといって非難された。そして、それ以来お味噌汁を作るのをやめ、日本人との交流をなるべく避け、ひたすらカナダ人のように振舞おうと努力した、といった内容だった。

そうした場合、もっともよく陥るのが自信の喪失、アイデンティティの喪失である。今まで自分が育ってきた環境や文化を否定することは、今の自分をも否定することになり、自己否定はいとも簡単に自信喪失へと導かれる。自分が何人であるのかわからなくなり、どっちつかずのアイデンティティに困惑する。程度の違いこそあれ、こうした状況は簡単にディプレッションに結びつくであろう。

ディプレッションと孤立の悪循環

ディプレッションの初期段階では、自信喪失、悲観的見解、カナダに対する嫌悪、出身国の美化やホームシックなどの傾向性が見られ、身体的には食欲の減退や疲労感、睡眠障害などがある。さらに、家から出られない、人に会いたくない、といった他人との接触拒否がおこり、社会やコミュニティからの孤立を自ら深めていく。最悪の段階は自殺に至るが、過去にバンクーバーで家族を殺害した日本人の例もある。

私もディプレッションに悩んだ。先にも述べた韓国出身の友人も、MBAを持っている夫でさえ希望する職種での就職が見つからず、経済的不安にかられて朝方眠れないと言った。また、ケニアからの政治亡命者で、大学のクラスメイトだった四十歳の男性は、妻に突然、離婚を申し渡された。そして、そのとき初めて妻が移民によく見られるディプレッションの症状が見られるとカウンセラーに言われたという。妻は自殺まで考えていたが、二人ともそれまで「ディプレッション」という言葉を聞いたことがなかった。現在、彼は妻との離婚調停のため、三年目を休学せざるを得なくなっている。

さらに、これも非常に重要な問題だと思うのだが、他の地域から来た人たちと比べると、文化適応に関連するディプレッションに悩むアジア人の数は比較にならないくらい多い。知人のカナダ人医師によると、アジアからの移民は同じような心の病に悩んでいるにもかかわらず、それぞれが自分ひとりで悩んでいて、コネクションがないのだと言う。

そして、国際結婚でカナダにやってきた日本人、あるいは駐在員の夫に同伴してカナダにやってきた日本人の間にもディプレッションの傾向がかなり見られると聞く。この事実は、トロントでは常識になっているほどである。これは私の勘であるが、これらの人たちの多くが日本では好きな仕事をしていたり、仕事に生きがいを持っていたが、カナダに来ることになりその仕事をあきらめてしまった人たちなのではないか、という気がする。こうした人たちに見られるのは、不安、喪失感、後悔、そして特に怒りの感情である。スキルがあるのに活かせない、あるいは仕事を辞めることを選んだ自分に対する怒りは、現状が思うようにいかないことで加速される。

一方で、身体への影響も顕著である。私の場合、食欲が減退し、食事中や食後にしばしば嘔吐感を感じた。朝方目が覚めて、とりとめもないことを考えて不安になり、呼吸が困難になったり、もともとあった偏頭痛も回数が増えた。階段を昇ると息切れがして、全体的にエネルギーが低下しているのがわかった。日中でも、不安にさいなまれて呼吸が困難になった。医師のところに行ってもいつも妊娠検査をされるだけで、彼らは心の病についてはほとんど理解がないように思われた。

知人の言うように、ディプレッションにとって最もよくないのは孤立である。しかし、移民にとって孤立は日常的な状況である。何しろ新しい国へやってきて、気のあう友達など簡単に見つかるわけではない。ましてや言葉が完璧でない移民にとっては友達をつくることさえ難しい。仕事も見つからないから、家にこもりがちになる。そう考えてみると、移民とディプレッションは簡単に手を取りやすいといえる。そして、実際、多くの移民がディプレッションに悩んでいる。

これが驚くべき移民の実態である。移民局のホームページには、移民奨励の言葉やカナダで成功を収めた移民の話が掲載されているが、それを見るたびに自分の体験との間の大きなギャップを思い、複雑な気持ちを抱く。

私の知人は、日系の移民関連の弁護士から翻訳を頼まれたとき、「日本人の間では南米への移民への偏見から、みじめなイメージがあるから〈移民〉という言葉を使わないように。かわりに〈移住者〉という言葉を使うように」と言われたことがあると言う。しかし、移民という言葉を使うにしても移住者という言葉を使うにしても、自分の生まれ育った国を離れて生活する上で困難があることにはかわりない。

孤立から抜け出すためのプログラム

どういった人がディプレッションになりやすいか。どうすればディプレッションは防げるのか。ディプレッションになったらどういう処置をすればいいか。そうした質問をされることがあるが、はっきり答えが出せない。

私のように、日本で独立した生活をしていて何でも自由に人生をコントロールしてきた人は注意したほうがいいのかもしれない。そうすると、ディプレッションを防ぐには、自分が完璧であるという意識を捨てるべきかも知れない。しかし、ディプレッションなど防げるのかどうか、自信はないが。

一般論になるが、カウンセラーやサイコセラピスト、サイカイアトリストといったプロの手助けに頼ることもひとつの方法としてわきまえておくといいと思う。

ただ、往々にして西欧以外の国からやってきた移民には、「カウンセリング」や「サイコセラピー」という言葉は耳慣れないものであるうえ、さらに州の健康保健によってカバーされていないため、経済的な理由からもプロによるサポートを利用する人たちはごく限られている。さらに、「ディプレッション」に対する知識の欠如や偏見もある。日本からの移民も、精神病に対するイメージの悪さからプロのカウンセラーにかかろうとする人たちは少ないと聞く。よく訓練されたカウンセラーは、ディプレッションに見られる「堂々めぐり、出口なしの思考」のチェーンを断ち切るきっかけを見せてくれる。孤立しない環境を作るのが難しい人にはカウンセリングは大いに役立つだろう。

ただ、経験的に言えば、移民の文化適応という精神的ハードルを理解する医師やカウンセラーは多くない。私にはそれが不思議でならない。こんなに多くの移民が暮らすトロントで、文化適応の際に出てくる心の病に考えが及ばない医師たちは一体何を見ているのだろうか。また、医師のなかには、カウンセリングやトーク・セラピーなどの可能性を飛び越えて、すぐに抗鬱剤を投与しようとする無責任な対応をする人たちも見られる。

私が理想的だと思うのは、セルフヘルプ・グループである。セルフヘルプ・グループとは、同じような状況にいる、同じ問題を抱えた人たちが集まり、自分たちの失敗や体験を語り合うというグループである。同じような状況にいる人たちと話すことで、文化適応の過程で起こる辛い経験が自分ひとりのものではないとわかる。孤立を避ける環境づくりにもなるし、お互いを助け合うという形で自分も他者のヒーリングに役立っていることがわかれば自信も回復する。

この際、特に各エスニック・コミュニティの役割がとりわけ重要になってくる。ほとんどの移民にとって、母国語でのサポートを提供することのできるコミュニティは何より心強い。*

政府の対応としては、移民局や公共図書館に「ディプレッション」に関するパンフレットを置くなどして対策を講じている。また、民間団体による講演会やセルフヘルプ・グループなどの開催も頻繁に行われている。

なかでも、州が主催している新移民を対象にしたバディ・プログラムは、同じ経験を共有するという意味で飛びきりのアイデアだと思う。そのプログラムは、ベテラン移民が新移民にカナダに適応するための手助けをするというもので、具体的には一緒に図書館へ行って使い方やサービスなどを紹介したり、カフェでコーヒー片手に生活上の問題を話し合ったりするのである。

実際、移民でなければ分からない苦労や悩みがある。自分の場合を振りかえってみても、こうした話は同じような経験をしている移民の友達と話し合ったものだ。移民のディプレッションを防ぐには、こうした体験共有的なアプローチは非常に有効だと思う。

いずれベテラン移民と呼ばれる日が来たとき、私も新移民のためのボランティアを買って出るつもりである。

＊その点、バンクーバーの日系コミュニティが提供している日本人、日系人のメンタルヘルスに関するサポートの質は驚嘆に値する（参考：「文化とこころ――多文化間精神医学研究――」Vol.4-No.3 & 4 合併号、一九九一年、相川書房）。

第Ⅷ章　エスニック・コミュニティの役割

移民としての経験は、間違いなく私のものの見方を根本から変えた。今まで日本人という民族的枠組みのなかでのみアイデンティティを持っていた私が、その枠組みを越えて、「移民」として同じ経験を共有することで他の民族グループの人たちとつながりを持つことができた。おそらく、マルチカルチャー社会に暮らす誰もが個人レベルにおいてそのことを体験しているだろう。

ただし、これと同じことをエスニック・グループのレベルで行おうと思うと大変なことである。エスニック・グループのなかには、自分たちの権利や文化的差異だけを強調する姿が時折見られる。こうした姿は、お互いが連帯しあい、同じ「カナディアン・ヘリテージ」のもとで統一性を持つという、カナダ政府の描くマルチカルチュラリズムのイメージからどんどん遠ざかっている。

マルチカルチャー社会が機能するためには、各エスニック・コミュニティがお互いに文化理解を深め、民族によるアパルトヘイトの外に出てカナダ市民としての責任を果たす必要がある。自国の文化の売り出しにばかり熱心で、他の文化に理解を示さない、という状況は、一部に批判されている「ゲットー化」そのものである。

この章では、エスニック・コミュニティの役割との関連からマルチカルチャー社会のあるべき姿を考えてみたい。

ふたつの役割……カナダ社会への橋渡しと文化の保存

つい最近、中国系カナダ人のデニス・チョンが書いた『チャイナタウンの女』という本を読んだ。[*] この本は、中国からバンクーバーにやってきた出稼ぎ農民の一代記（実話）なのだが、そこに描かれている一九二〇年代から戦後までのチャイナタウンの様子が特に興味深かった。何よりも、当時のバンクーバー在住の中国人にとって、カナダに暮らすことは「出稼ぎ」という意味合い以外のなにものでもなかったことがよくわかる。彼らは英語をほとんど理解せず、また、理解する必要も感じておらず、チャイナタウンという狭い世界のなかで細々と中国風の暮らしを続けていた。チャイナタウンという場所がカナダ領土であることなど、まったく思いもつかない。カナダへの関心もまったくなく、日々の糧を得ることだけで精一杯。一方では、カナダ政府も彼らを疎外し続けて単なる安い労働力としか見ていない様子が読み取れる。当時の中国系コミュニティは、カナダ政府や他の民族グループなどの組織と、まさに隔離されて暮らしていたというわけである。

その頃に比べると、現在、カナダにおける各エスニック・コミュニティの役割は大きく異なっている。カナダ政府は、マルチカルチュラリズムの成功には各エスニック・コミュニティの役割が重要であることを明確にしており、こうした協力によってはじ

*『チャイナタウンの女』D・チョン、山田耕介訳、文春文庫、一九九八年

めて政策が成功を見ると述べている。

二〇〇一年、カナダは一五〇以上もの国から二五万人もの移民を迎えている。最も多いのは、中国からの移民で全体の一六%を占めている。次に多いのはインドからの移民で、一一%。続いてパキスタン六%、フィリピン五%、大韓民国四%と続く。* こうした数を見てくると、カナダにおける各エスニック・コミュニティの役割の重要性については疑問をさしはさむ余地もないだろう。

大別すると、各コミュニティにはマルチカルチュラリズムとのかかわりにおいてふたつの役割がある。

まずひとつは、各エスニック・コミュニティ内部にとどまるだけでなく、積極的にカナダ市民として、また、マルチカルチャー社会の一員としてふるまうことである。これには、新しく来た移民の生活や文化適応の過程を助ける役目も含まれる。言葉に不慣れな移民にとっては、政府のサポート以上に心強いのが自国語でのサポートである。新移民が受けるカルチャーショックや精神的ハードルを乗り越える手助けをしながら、彼らの文化適応の過程を見守る必要がある。さらに、人種差別を含む人権問題の重要な擁護者として、社会全体の風通しをよくし、社会正義の実現を推進するという市民社会（シビル・ソサエテイ）としての役割も含まれるだろう。

このように、各エスニック・コミュニティはカナダのマルチカルチュラリズムにとってなくてはならないものではあるが、一方でこのエスニック・コミュニティが時折、移民の文化適応をさまたげていることもある。民族グループのポケット内部は、その民族グループに属する人にしかわからないような特定の社会コードが支配し、カナダ国内で通用する観念やコードが通用しないという不可思議な空間ができている。

このことは、マルチカルチュラリズム法が一方で独自の民族文化の保存を保障、奨励しているからといって、カナダが尊重する価値をおろそかにしては、マルチカルチャー社会はゲットーイズムの温床となってしまうことを示唆している。

ふたつめの役割は、各エスニック・コミュニティ独自の文化を保存すること。これには、言語や伝統文化などのコミュニティ内における文化保存だけでなく、それを外部に紹介し、誤解があればそれを解き、理解を深めるという文化の橋渡し的活動も含まれる。さらに、ここには文化のステレオタイプをなくす努力を付け加えることもできるだろう。

＊CIC Canada（ウェブサイト）, Facts and Figures 2001: Immigration Overview

以上のふたつの役割をバランスよく果たすことで、各エスニック・コミュニティはマルチカルチャー社会のなかで真に効力を発揮できると言えよう。

独自のコードが支配するコミュニティ内部

異民族間結婚の割合は、移民の文化適応をはかるひとつの強力なバロメータである。私の知人にラディア（仮名）という女性がいる。彼女の両親はインド生まれのシーク教徒である。

インド北部、おもにパンジャブ州出身のシーク教徒によって構成されるシーク・コミュニティは、結束が固いことで知られているが、文化適応が困難とされる民族グループのひとつである。ラディアいわく、結婚相手は同じコミュニティ内で両親によって探し出されるのが通常で、お見合いのような形で、本国と違っているのは、形式的にではあるが結婚前に数回会って本人の意向が確かめられる点である。学歴や家庭の経済状況が同じなら、結婚生活もうまくいく、という前提のうえに成り立つ。自由恋愛は稀で、結婚前の性的交渉はあってはならないとされる。

友人のラディアは、現在フランス系カナダ人と結婚しているが、一回目の結婚相手は両親の探してきた同じシーク教徒の男性であった。

彼女の両親は娘が結婚適齢期になると、相手を同じコミュニティ内で探し始めた。そして、しばらくすると、シーク教徒のカナダ生まれの男性（両親はラディアの両親と同じようにインド生まれ）を候補として探し出した。ラディアはしぶしぶ会うことを承知し、意外にも会ってみるとよい人に思われた相手との結婚を数ヶ月後に承諾した。結婚後すぐに、彼女は夫に自分は処女ではないと告白した。ラディアの夫は特別怒ったようには見えなかったが、その後、インドへ帰ってしばらく暮らすことにしたと一方的に言い、いやがるラディアを無理矢理インドへ連れて帰った。帰る直前に、夫はラディアの両親に電話をし、彼女が結婚前に性的交渉を持っていた事実を伝えたが、彼女にとってそれは裏切りとしか言いようのない仕打ちであった。シーク教徒にとって、妻は夫の言いつけに背くことはできない。両親が願ったのは、夫がそのことをコミュニティのなかで口外しないように、ということだけであった。そのため、インド行きはむしろ歓迎された。

インドでの結婚生活は悲惨であった。いくら二人がカナダで生まれたインド系カナダ人であろうとも、女性の立場はいつも夫より下で、夫の言いつけは何が何でも守らなければならない、そう夫は主張し、反対するラディアの背中を毎日毎日ハンガーで打ちつけた。しかし、インドではカナダのように女性虐待を悪とする意識も低く、人々はそれを当たり前であると思っている。かわいそうなラディアには避難場所もなく、助けてくれる友人さえいなかった。両親に電話することも禁じられた。

しかし、夫の家族に不幸があったことで、二人は一時的にカナダへ戻ることになり、それをチャンスと、彼女は夫の目を盗んで逃亡した。彼女は両親の家に戻り、インドでの結婚生活の実情を洗いざらいすべて話した。両親はあんなによい人がそんなことをするはずがない、の一点張りでラディアの言うことを信用せず、夫のもとに戻るよう毎日のように叱りつけた。彼らは夫に電話をし、家にいるラディアをすぐにでも彼の手許に戻す約束をした。

ある日、夫はラディアの両親宅へ電話をした。ラディアの母親は彼女の声音とそっくりであるため、夫は電話口に出たのがラディアであると思いこみ、さんざん罵声と脅迫の言葉を浴びせ掛けた。ラディアの母親は娘の夫の豹変ぶりに愕然とし、シーク・コミュニティではあってはならないこととされる離婚を娘に許可した。

「しかし、あなたも前夫もカナダで生まれたカナダ人じゃない。それならあなたたちは二人ともカナダではパートナーへの虐待がどんなに重罪であるか知ってたはずでしょ。それなのに、なぜあなたは裁判所へ訴えなかったの?」

一緒に聞いていた友人がそう訊ねた。ラディアは、首を横に振ってこう言った。

「恐らく、あなたにはわからないでしょうが、シーク・コミュニティというところはカナダにありながら、カナダではない特殊な場所なのよ。それは内部に入らないとわからない」

私は考え込んでしまった。

しかし、この話には続きがあるのである。ラディアは前夫と離婚後、現在のフランス系カナダ人と知り合い、再婚することになるのであるが、彼女に同情的な両親は自分たちの判断がラディアの不幸を招いたと後悔し、非シーク教徒との結婚を許可した。しかし、シーク・コミュニティは非シーク教徒と結婚した彼女の弟を、結婚相手の候補としてみなさなくなったのであった。

「白人と結婚した姉がいる家庭の弟を家族に入れると、悪い影響が出るに違いない、彼らはそう考えているのよ」

もう将来の妻が見つかってもいい年だというのに、ラディアの弟がいまだに結婚相手を見つけられずにいるのは、そうした理由からである。そう言った彼女の表情は硬かった。

彼女の話からわかるように、各コミュニティにはその内部にいる人にしか分からないコードがある。特に、それが宗教に関するものである場合、非常に根強いといっていい。結局のところ、ラディアは二度目の結婚で幸せを手に入れることができたが、なかにはハッピーエンドに終わらない場合もよくある。

私が知っているだけでも、ヒンズー教徒のコミュニティではお見合い結婚がもたらした悲劇とも言える殺人事件や殺傷事件が数件起こっている。そして、これらの事件の背景には、ふたつの文化的価値観の間に起こった軋轢、あるいはそのはざ間で身動きの取れなくなった個人の苦悩が見える。裁判になれば、文化的相違によって情状酌量されるようであるが、だからといって「法の下の平等」という意味においては、文化的相違を理由に罪が免除されるというのはおかしいという批判も一方では出ている。裁判では、当然のことながら特定のコミュニティ内の常識であるお見合い制度の是非を争うようなことはないにしろ、各エスニック・コミュニティのリーダーたちは文化的差異を考慮するよう求めている。

日本人によってステレオタイプ化される日本文化

マルチカルチャー社会では、年中を通してさまざまな民族グループによるイベントが行われている。例をあげると、夏にはカリブ海沿岸諸国の出身者が派手なコスチュームに身を包み通りをパレードするカリバナ、春にはアイルランドのヘリテージを持つ人たちが聖人セント・パトリックを祝うセント・パトリック祭が開催されるほか、二月にはチャイナタウンが中国の旧正月を祝う。これらのフェスティバルには、そのエスニック・グループに属する人のみならず、さまざまな文化バックグラウンドを持つ人たちが参加し、異なる文化について知るよい機会となっている。*

多くのエスニック・コミュニティは、こうしたフェスティバルやイベントを通して自分たちの文化を外に発信することに対して非常な情熱を傾けている。しかし、この際しばしば起こるのは、各文化のステレオタイプ化である。

*ちなみに、トロントニアンは、ゲイ、レズビアンのフェスティバル「プライド・フェスティバル」も誇りに思っている。このフェスティバルには、数多くの一般市民が参加する。

例をあげてみよう。トロントには、「カラバン（Toronto Caravan）」というフェスティバルがある。これは、Canadian Heritage（文化保存省）のマルチカルチュラリズム部門が財政援助をし、協賛しているカナダのマルチカルチュラリズム（多民族主義）をお祝いするフェスティバルで、各文化グループ間の交流を深めることを目的とする。それぞれの民族グループはパビリオンを出し、そこで伝統芸能、伝統工芸や絵画などの独自文化を紹介する。こうしたイベントは楽しくもあり、ためになるのではあるが、実際はビスンダスが批判する通り、各文化はかなり簡易化、あるいはステレオタイプ化されていて、気恥ずかしくなるくらいだ。

たとえば、日系コミュニティが展示、紹介するのは、相変わらず寿司や日本酒、生け花や茶道、剣道や柔道などである。私は生け花もしないし、茶道もしない。刺身は大嫌いだし、お酒も飲まない。剣道も柔道もしない。そんな自分がこうした文化を紹介することにためらいがある一方で、こうしたタイプの日本を紹介している日系コミュニティには入れないだろう、とさえ感じる。

ビスンダスの言うように、文化は生命である。歴史や風土、習慣や人々によって育まれてきた文化は、これまでも、また、現在も変化し続けている。その文化の一部分を切りとって、「はい、これが日本の文化です」といったような呈示の仕方が十分であるはずがない。こういうのを「文化の安売り」というのである。そうした呈示が可能な文化は、もはや死に絶えた展示物に他ならない。紋切り型の文化イメージを持ち、それが他の民族グループに対する理解だと考えるなら、大変な間違いである。このビスンダスの批判は、文化交流の落とし穴を指摘しており、的を射ていると思う。

文化を扱う場合に念頭に置いておくべきことは、特定の文化を呈示する際に、相手の期待に沿った出し方だけをしないようにすることだと思う。伝統文化だけを引っ張り出すのではなく、日本文化のステレオタイプを壊すような文化を呈示できることが理想だろう。自らが自分の文化のステレオタイプ化を肯定するなら、私たちは創造性と伝統の狭間で身動きが取れず、行き詰まってしまうに違いない。

カナダ移民局の統計によれば、二〇〇一年度の日本からの移民は一〇〇〇人を超えている。そのうちの七七％が女性である。日本人女性の移民の多くが私と同じように国際結婚という形でカナダへ移住してきたものと思われる。

配偶者がカナダ人である場合、特にエスニック・コミュニティに所属する必要性を感じない。文化適応の速度も早まり、適応の過程でもさまざまな利点がある。たとえば、日常生活で直面する疑問や質問に答えてもらったり、英語で会話をすることで言語をすばやく習得する機会に恵まれたり、カナダ人の知り合いも自然と多くなる。パートナーの家族と接するなかで、サンクスギビング（勤労感謝の日）やクリスマス、イースターなどの伝統的文化も肌で感じることができるだろう。また、パートナーを通してカナダ社会についてより興味深く、より身近に学ぶこともできる。こうした理由のためだと思うが、私はトロントの日系コミュニティにこれまで積極的にかかわってこなかった。ただ、興味深い人たちが数人いるので個人的にその人たちからコミュニティの話を聞く機会はある。

マイノリティの声を届けるために

トロントには、日本人の戦後移住者がつくった移住者協会がある。「移民」と呼ばず「移住者」と呼ぶのは、戦前の移民が政府スポンサーによる人たちであるのに対し、移住者は自分たちの経費で移住した人たちであるかららしい。

この会は一九九六年に二十周年目を迎え、それまでのあゆみを概観した本をまとめている。これを読むと、移住者協会にもさまざまな課題があるようで、特に世代間のギャップの埋め合わせ、また、二世のコミュニティ離れなど、取り組むべき問題は山積している。また、文化の保存の重要性、特に言語の継承についても多くの記述が見られる。しかし、このなかに「カナダ社会への貢献」、あるいは「他のエスニック・グループとの連帯」といったことが一ヶ所以外にまったく述べられていないことは大きな驚きであった。

消滅の危機につねにさらされているマイノリティ文化に属していると、自分の文化の保存について極めて敏感にならざるをえない。言語を守ること、文化を守ること、生活習慣を守ること。まわりから押し寄せるメインストリームの波から自分たちの文化的アイデンティティを守ることは、マイノリティ・グループの最大関心事である。それはよく理解できる。しかし、それだけではマルチカルチャー社会の基盤となるエスニック・コミュニティとしては義務を果たしていないのではないか。

異民族間結婚の比率が高い日系コミュニティにおいては、他のエスニック・コミュニティに比べても、複数へリテージを持つ子どもたちに居心地の悪い思いをさせないような環境を整える必要がある。あまりに日本文化の継承、日本語の継承という「守る」姿勢にはかり傾倒していると、それはかえって日系コミュニティを外部から遮断し、将来の可能性を狭めていくことになるのではないだろうか。また、カナダ社会に育つ子どもたちのアイデンティティの問題にも影響を与えかねない。

ここで改めて各エスニック・コミュニティのふたつめの役割、すなわち、カナダのヘリテージを尊重するという役割が重要になってくる。各エスニック・コミュニティはつねにカナダが尊重する価値観を大切にし、カナダ社会に対して開かれてあるべきだと思う。その意味では、日系コミュニティは日系ヘリテージの保存のために仕える使命を持っている一方で、カナダのヘリテージへの理解を深めるための努力をも要求されているのである。

マルチカルチュラリズム法には、すべての個人が、人種や宗教、考えや表現、性別などによって差別されることなく平等の権利をもつことを約束した憲法に触れ、さらに次のように述べられている。

——the Constitution of Canada recognizes the importance of reserving and enhancing the multicultural heritage of Canadians（カナダの憲法はカナダ市民のマルチカルチュラリズムというヘリテージを保存、促進する重要性を認識するものである）*

マルチカルチャー社会が、各民族グループのゲットーが乱立するカオス的社会にならないようにするためには、各民族グループが自分たちのヘリテージ保存を公認されている権利の享受と同時に、マルチカルチュラリズムというカナディアン・ヘリテージの一翼を担い、尊重することが必要である。しかし、そのことはあまり表面にはあらわれず、多くの人たちがマルチカルチュラリズム法というと、すぐに「各民族文化の保存」という側面のみを連想する。しかし、「守る」という姿勢だけでは、マルチカルチャー社会に暮らす特定のエスニック・グループの役目、責任として不充分なのである。各文化間の橋渡し、そしてカナダ・ヘリテージの尊重こそ、各エスニック・コミュニティに求められている課題なのである。

多民族によって成り立つ国家カナダの国家的統一性は、ここに拠って立つよりほかない。それは、各エスニック・グループがその壁を突き抜け、同じカナダ市民としてつながってゆくことによってのみ可能である。

＊Canadian Multiculturalism Act, July 1988

私の知人、カナダの日本語新聞「日系の声」の日本語編集長が、以前、興味深い話を語ってくれた。もう十年ほど前の話であるが、トロントの韓国系コミュニティが元従軍慰安婦をゲストに呼んで、講演を行った。この講演を記事にするため、知人はもう一人を誘ってその会場へ行ったが、彼ら以外はすべて韓国系の人たちであった。元従軍慰安婦の講演者は、講演の前に観客に向かって、「この中に日本人はいるのだろうか?」と訊ねた。もちろん、二人は手を挙げた。みんなの視線が集まった。講演後、質疑応答の段になって、二人は暗黙のうちに自分たちの意見を促されているのを感じて、それぞれ立ちあがって感想を述べた。知人は「気の毒に思う」と述べたあと、「日本語新聞の編集者として、私はこれからこの問題について書くことでかかわっていきたい」と明言した。もう一人は、「戦争で父親を亡くした自分は、今まで自分が戦争の被害者だと思っていた。しかし、そうではないことがわかった」といって突然泣き崩れ、この会の司会者と抱き合って二人とも泣き出すという結末になった。

この後、知人はあのことがあって以来、韓国系コミュニティの人たちと親しくするようになったし、今でもいい関係を保ち、お互いに助け合うことのできることは協力し合っていると話してくれた。

この話を聞いたとき、私の頭のなかに駆け巡ったのは、マルチカルチュラリズムの基本概念、「民族や宗教、人種を超えて、人間はつながることができる」という考えであった。民族の壁、カナダで言えば各エスニック・グループの壁を越えることのできるのは、人種や宗教といった余計なものを殺ぎ落としてもなお残る人間性という共通性なのである。実際、それゆえに「人殺しをしてはいけない」という普遍的な倫理の法則があらゆる人間性を持った人たちに当てはまるのである。マルチカルチュラリズム政策を、人種隔離政策にしないためにも、この政策の根底にあるこの概念を各エスニック・グループの指導的立場にいる人たちが理解することが必要である。それは、政策の制定のみでは到底なしえない。私たちが希望を持てるのは、経験の共有という地盤である。第V章で述べたように、九・一一事件に対する各エスニック・グループの壁を越えた連帯はそれを示す好例といえる。

日本からカナダという国へ来た私は、トリニダードからやってきたビスンダスの考えに共感するし、また、国境を越えて世界について考えているケン・ウィワのジャーナリズムにも深く共鳴する。それだけではなく、バス停でバスを待つ間、どちらからともなく話はじめたフィリピンからの移民女性とも、文化適応という問題についておしゃべりしたこともある。それは、同じような経験から学び取った教訓や価値を根底に話ができたからに他ならない。

各エスニック・グループの隔離状態、ゲットーイズム、文化のステレオタイプ化がマルチカルチャー社会の限界だとすると、一方で民族の壁を超えて「カナダ人」としての連帯感、ひいては「人間性」を基盤にした連帯感を感じることは、マルチカルチャー社会の可能性であり、従来の世界では国家規模で行い得たことのない壮大な実験であるといえる。

近代国家において、この実験が行われた試しはない。* これまで、世界の政治指導者たちは、異なるものを排除しなければ国家は成り立たないという原則の上にあぐらをかいてきたのではないか。マルチカルチュラリズムという理想を国民国家という考え方の横においたとき、そう感じたものである。一九九九年、総督就任式のスピーチで、エイドリエンヌ・クラークソンは、カナダ社会を「forgiving society（許容力のある社会）」という名で定義したが、これは「マルチカルチャー社会」と同義と考えて間違いないだろう。

*興味深いことに、近代国家成立以前にはマルチカルチャー社会は無意識的に存在していたようである。カナダ人歴史家 Erna Paris の著作「The End of Days (Lester Publishing, 1995)」によれば、十一世紀のスペインはマルチカルチャーが花開いた時代で、ムーア人やイスラム

教徒、ユダヤ教徒、カソリック教徒などが共存していたという。しかし、この共存時代は、ユダヤ人大虐殺によって終わりを迎えている。

第Ⅸ章　統計では計りきれない移民社会のメリット

移民や難民受入れに消極的な日本から来た私にとって、カナダ社会はそれ自体が新鮮な驚きであった。以前は、移民というとすぐにネガティブな面ばかりを連想し、治安の悪化や組織犯罪の蔓延などと聞くと、すぐさま移民反対論に飛びつかざるを得ないような気がしたものだ。

確かにカナダでも実際、マフィアなどの組織犯罪の増加、それに関連する麻薬の流入など、移民反対論者たちが聞くと喜びそうな問題がしばしば指摘されている。

移民受入れへの賛成論を見ると、労働力の維持（経済力の維持）、高齢化社会のサポートといった意見ばかりが目立つ。

カナダに暮らして感じるのは、それらの効果は単に数字ではかることのできる効果に過ぎないが、一方では統計に表れない恩恵もあるということである。この章では、そうした恩恵について日常レベルに視線を落として述べてみたいと思う。

単なる労働力としてではなく……異文化がもたらす活性化

移民賛成論の理由として最もよくあげられるのは、人口の維持や労働力の維持、高齢化社会への対応という意味での経済力の維持である。経済力が国の将来を決定する重要な指標であるのは事実である。移民は経済力維持のための「労働力」なのだ。

しかし、移民は単に労働力のみを受入れ国にもたらしてくれるわけではない。むしろ、労働力は統計によって測ることのできる恩恵の一部に過ぎないと言える。移民と共にやってくるのは、彼らの母国の言語、食べもの、習慣などをひっくるめた文化である。こうした文化を取り込むカナダのマルチカルチャー社会は、豊かな文化的多様性を内包している。

さらに、忘れてならないのは、異なるものとの共存を学ぶチャンスを与えてくれるという点である。カナダにしばしば与えられる「寛容な国」という評判は、移民を受け入れることでカナダ人が交渉や妥協を学んだことに由来する。

このように、統計に表れていないものの、受け入れ国、そしてその国の国民は移民の文化がもたらすさまざまな恩恵を受けることができるというのが、私の実感である。以下、これらの恩恵の例をもう少し具体的に見てみたい。

カナダの社会を見ていて、移民や難民を受け入れることで結果的に利益を得ている、と思う点がいくつかある。ひとつは経済活動への刺激である。さまざまな文化背景を持つ移民は、ビジネスへのさまざまなアプローチやアイデアを持っている。そうしたアイデアは、カナダの経済を刺激し活性化させる大きな要因になっている。

たとえば、あるシリアからの移民は、なぜカナダには自分の国で当然のように食べているサワードーを使った酸っぱいパンがないのか不思議に思いながら、小さなベーカリーを開業した。やがて、サワードーのパンは健康志向の消費者のニーズにあい、ベーカリーはたちまち製造が追いつかないほど成功した。そのシリア系移民のオーナーは、現在では本業以外にもカレッジでパン作りのコースを教えており、それがかなりの人気だと聞いている。

また、出身国から食糧や雑貨などを仕入れてお店を開く人たちもいる。たとえば、マレーシア出身のレストラン経営者は、マレーシア料理に欠かせない調味料などを買いつけるため、年に数回出身国に戻って仕入れの調整や手続きを行なうと言う。彼女は、バイリンガルのスキルを使って、また、移民という特権を使って二国間で新しいビジネスを創り出している。

さらに、移民の人たちと話して気づいたことだが、彼らの多くがベンチャー志向である。自分の祖国を捨てて、カナダで人生をスタートオーバーさせようという意気込みでやってきた彼らは、「後がない」という気持ちに駆られているためか、一般的に言ってチャレンジャーである。彼らは失敗を恐れるよりは、少しでも可能性がありそうなら新しいビジネスチャンスに手を出そうとする。このほかにも、移民を受け入れることにより、まったく新しいビジネスのアプローチが生まれ、経済を活性化させている例は多数見られる。

移民のベンチャー・ビジネスを可能にする社会背景

ここで、こうした状況を可能にしている背景として、移民のベンチャーを支えるような社会システムについて言及しないわけにはいかない。

カナダに来るまでは、会社をつくるには多大なお金が必要で、ほんの一握りの人たちだけが会社を設立できるものだと思っていたが、カナダでは事情は違っている。私のまわりには、自らビジネスを立ち上げた移民がたくさんいる。会社創設のために経営学部を卒業する必要はないのである。

そういえば、つい昨日、コンピュータ一台、ファックス一台で語学学校やホームステイ斡旋業を始めたトルコ人に会ったばかりである。こうしたビジネス環境にひかれて、会社設立の夢をもってやってくる経済移民も多い。知人の移民コンサルタントの話では、最近は日本からも若くて意志のある経済移民へ申請したいという人たちが増えているという。

カナダには、「スモールビジネス」と呼ばれる小規模経営の会社が多く、在宅で仕事をするホームワーカーや、自分の家をオフィスにして自営の仕事をするホームオフィスも多い。これは、政府がスモールビジネスの育成に力を入れているためで、雇用主に雇われる人たちを多く創出するよりは、新しく起業によって雇用機会を増やし、結果的に経済への刺激とすることが目的のようである。自営業の人には税金の免除や政府によるローン貸与なども利用できる。また、スモールビジネスを支援するための講習会やインフォライン、ウェブサイトなども充実している。フリーランスの翻訳者も、経営のセンスさえあればすぐにでも会社をつくる。資本金も多くは必要ない。政府のオフィスに会社登録をするだけである。自宅をオフィスとして使用すれば、家賃から課税が免除される。加えて、車のガス代、電話使用料金、書籍類なども非課税対象の経費として申請できる。

ウェブデザイン、翻訳、リサーチなどのスキルのある人たちは、こうしたホームビジネスで仕事をしている人が多い。こうしたシステムは、移民がビジネスを始めやすい環境としてプラスに働いているようである。

経済の活性化は、何も会社を持っている人やビジネス関連の人たちにのみ利益をもたらしているだけではない。消費者にとっても、そのメリットは大きい。まず何よりも、消費者として、私たちは数多くの選択の幅を持っている。医療にしても、西洋医学をはじめ、東洋医学（漢方、鍼灸、指圧）、ナチュロパス・自然療法（西洋ハーブ、ビタミン療法）、カイロプラクティックや整骨など、さまざまな療法から状況にあわせて選択することができる。日本の指圧もここでは代替医療のひとつとして高く評価されており、トロントには腕のいい日本人指圧師が数件、開業している。私は子どものころから偏頭痛に悩まされているが、いつも良くないとは思いながら痛み止めを服用していた。カナダに来てから、西洋医学のドクターのところに行ったがタイレノールという一般薬の服用を勧められるだけなので、次にナチュロパスを試してみた。結局、期待していた効果が得られず、最後に鍼灸に行きついたが、今のところこれが最も効果的なようである。

また、食べ物に関してもそうである。トロントでは、世界一周せずとも世界中の料理が楽しめる。たとえばエチオピア料理やポーランド料理、ペルー料理やチベット料理、中東料理など、民族の数だけとにかく多彩である。それに、こうしたレストランはたいてい移民によって営まれているから味も確実で値段も手頃なのだ。コーヒーひとつ取ってみても、リトルイタリーに行けばエスプレッソをはじめ濃い味のコーヒーを、トルコ料理のお店にいけばトルココーヒーが楽しめる、といった具合である。

トロントでは外国語の学習をする上での利点がたくさんある。最大の特典は、英語に限らずネイティブスピーカーによるレッスンを受けられることである。これは当然、母国語と英語のバイリンガルの移民が多数いるためで、チューターも教師もネイティブスピーカーという学習環境は、語学学習には理想的といえる。大学やカレッジレベルではもちろん、コミュニティセンターでも五〇ヶ国語を越えるさまざまな言語学習のプログラムが用意されている。料金も格安である。公立高校でも土曜日の午後は、一〇ヶ国語を教えていて、生徒は自分の興味のある言語を学ぶ機会に恵まれている。子どものころ、英語だけがほぼひとつのオプションだった私の状況と比べると、大きな違いである。それに、ラジオもテレビも多言語による放送を行っているから、言葉だけでなく他文化を学ぶ上でもよい条件がそろっていると言える。

このように、市民が無意識のうちに得ているメリットをあげればきりがない。こうした多彩な選択の幅は、単なる自由経済の結果ではなく、明らかに移民受け入れ国、マルチカルチュラリズムのメリットを反映した結果であるといえる。

多彩な意見でにぎわうメディアや大学

それから、さまざまな人種、宗教、出身国の文化をよく知る人たちが暮らすカナダでは、とにかく意見の多様性という意味では目を見張るものがある。それが顕著に現われているのは論戦の宝庫ともいえるメディア、とくに新聞である。

我が家で購読しているのは The Globe and Mail という全国紙である。毎日、ここにはなんと多彩な意見が掲載されていることか。カナダに来て以来、紙上に掲載される論戦の豊かさに魅了され、新聞オタクになってしまったほどである。出身地、信条、人種が違えば、こうも意見が違うものなのか。今まで知っていたと思っていた世界が、さまざまな意見を読むうちに、まるでガラリと表情を変えたように思われた。どんなに自分の考えや意見が人種や宗教（あるいは無宗教）、育ってきた環境によって形作られているかを知ったのは、違った立場の人たちの述べている意見を見たときであった。

たとえば、最近紙上で最も大きな論争になっている中東問題。覚えている限りでは、日本ではパレスチナ難民についての同情的なレポートをよく読んだし、メディアもパレスチナへの同情の声がはるかに大きかった。しかし、ここでは、少なくとも新聞紙上では、イスラエルを支援する声の方がやや大きいようである。ユダヤ系のライターの名をひんぱんに見る一方、新聞への投書もユダヤ系が圧倒的に多いという点を考慮すべきであろうが、イスラエル寄りの意見そのものが、私にとっては大きな驚きであった。

その意見の多彩さは、書評にも端的にあらわれている。あるとき、新聞の書評欄にすばらしく好意的なコメントの書かれた小説が紹介されていたので、早速それを買いに走った。読んでみるが、なんということはない。騙された思いでカンカンになっていたのだが、翌週の書評欄に違う批評家が同じ本をコテンパンに批判しているのを読んで、なんとも苦笑してしまった。本の書評だけでなく、映画の批評やレストランガイドなどもそうなのだから、もう二度と他人の意見は信用すまいと心に決めた。

それと同様の驚きは、大学での討議の際にも感じた。あるとき、国際政治のチュートリアルで、ルワンダの大量虐殺についてみんなが意見を言い合っていたところ、事件当時ザンビアに住んでいたというサライがそのころのアフリカ政治の様子や人々の感情などを仔細に語った。サライはインド北部で生まれて、その後父親の仕事のためアフリカ各地、続いてパキスタンに暮らし、後になってカナダに移民してきたという経歴を持っている。新聞には書かれていなかった住民の暮らしや感情などを語るサライに、TA(ティーチング・アシスタントと呼ばれる博士過程の学生たち）ですら授業の指導を忘れて聞き入っていた。

さらに、その後インドとパキスタンの話題が出たときも、インド出身の学生の意見とパキスタン出身の学生の意見を聞くことができた。私が取った政治学のコースでは三人のTAにあたったが、一人はトルコ人、もう一人はインド人、そして日系ヘリテージを持つカナダ人だった。世界中の各地から集まった学生たちによる討論は、いつも驚くような意見の違いを見せ、私はそうした討議から多くのことを学んだ。違った立場にいる人たちがどういうふうに考えているのか、それを学ぶことができたことは、とても貴重な体験だったと思う。

こうした異なる意見に囲まれていると、私たちは正論が何であるかを自分で見極める必要性にかられる。新聞やメディアが主張している意見のなかから取捨選択して、自分の意見を形づくっていかなくてはならない。カナダに来る前に、こんなにものごとを違った角度（他の宗教、他の人種、他の民族といった視点）から考えたことがあっただろうか。今の私は、新聞の社説ですら批判的に読むことができる。それは、毎日論争が満載された新聞のコメントを読むうちに、自分の立場を取る大切さとスキルを学んだからだと思う。

異なるものへの寛容性を養う

こうしたメリットは、子供たちの教育に計り知れない利益を与えている。カナダでは、子どもたちが世界中からやって来た両親を持つクラスメイトと机を並べて勉強している。その風景は、まるでインターナショナル・スクールである。子どもたちは、幼いうちから、すでに世界のなかにいるような多様性を肌で感じることができる。

公立学校では、歴史や文化を含めた両親のヘリテージを学ぶことのできるような課題を教師が子どもたちによく与える。子どもたちは、その課題を家に持ちかえり、両親に話を聞くなかで両親や民族の歴史やストーリーを知る。そして学んだことを、クラスメイトの前で発表することで、人種差別やホロコーストなど歴史の教訓を身近なものとして学ぶことができる。

そうした教育環境のなかで、何が最も鋭く鍛えられるかというと、それは、「多様性に対する寛容さ」という精神である。自分とは異なるものを受け入れる寛容な精神、人種差別や性別差別をはじめとする差別についての強い批判的態度が、子どもたちのなかで鍛えられる。

時折、私は寛容さという感覚を身につけている夫に驚嘆することがある。彼は本能的にまわりと仲良くやっていくには何が大切かを知っている。それは、彼だけに限ったことかと思っていたが、一般的に言ってカナダ人は、さまざまな状況のなかで交渉し、妥協するワザを心得ていることに気がついた。子どもの時から、インド人の隣人の家にいけば、自分とは違った宗教や暮らしぶりを目にする機会があり、中国系のクラスメイトのランチを見て、その国の料理を知ったりと、異文化に触れつつ、そのなかで共生する術を学ぶことができるカナダの子どもたちは非常に恵まれているといえる。

寛容さとは、「嫌いなことや同意できないことを受け入れる能力（Oxford Dictionary of Current English, 2001）」であるが、寛容さこそ、国際社会をはじめとする多様性が混在する世界で生きていくための最高のサバイバルツールと言える。こうした能力を学ぶチャンスに恵まれたカナダの子どもたちは、極めて多くの特典を得ることができる。多様なものに対し柔軟性をもって対応すること、そして異なるものを受け入れること、これらを子どもたちが初期教育の段階で学ぶことができれば、子どもにとってこれ以上ためになる教育はない。特に、将来、国際的に仕事をしようと思っている人たちには間違いなく役に立つであろう。

マナーの低下は移民が原因？

移民を受け入れることには、よい面もあれば悪い面もある。共通の認識やルールへの共通理解の欠落は、しばしばアナーキーにつながると心配する声も聞かれる。世論には、サービスの質の低下、治安の悪化などを移民のせいにする向きもある。そのなかで最もよく耳にするのは公共マナーやモラルの低下である。

トロントでバスや路面電車に乗ろうと思うと、時どき列を作っているのか作っていないのかわからないような並び方をしている風景に出会う。列が出来ていても、バスが来るとたんにそれは崩れて、我先に乗ろうとする人たちがいる。また、バスのなかで入り口を塞いでいる人たちがいたり、老人たちに席を譲らない人たちがいる。

一部には、こうしたモラルや公共マナーの低下は移民のせいだ、と結論する人たちもいる。さまざまな文化的背景を持った人たちが集まっているから、マナーやルールなどおかまいなしに自分勝手に行動するのだ、というわけである。

実際のところ、この説明の信憑性は疑わしい。これまでに、カナダ生まれの若者たちが路上に平気でゴミを捨てるのを見たし、大学でも多くの学生が、講義が終わると我先にドアへ向かい、押し合いへし合いし、譲り合いの精神など見られなかった。教室に食べものゴミを残して行く学生もいた。大学での留学生の数を考えると、彼らがカナダ生まれのカナダ人といってほぼ間違いないだろう。

年配の人たちのなかには、自分たちの時代をノスタルジーやロマンティシズムで飾ろうとする人たちがいる。「今の若い人たちは……」と言いたがる老人は世界共通に存在する。そうした反応が、こうした移民に対するネガティブな意見に影響していないとも言えない。

しかし、だからといって大部分のカナダ人が移民排斥の動きや人種差別的言動に走ったりするわけではない。それを示す一端は、アメリカとカナダで行った異民族間結婚に対する認識調査に、明らかに表れている。アメリカでは四〇%が承認し、二五%が違法にすべきだと考えている。一方のカナダでは、七二%がそうした結婚を承認している（アメリカと比べて高いとはいっても、七二%という数字は移民率の高いトロントに暮らす私の感覚としてはまだまだ低いように思われる）。この調査は一九八八年のものである。*

移民に対するネガティブな見解は、何もカナダだけに限ったことではなく、移民を受け

*Finding Our Way, Will Kymlicka, Oxford, 1998

入れている国ならどこにでも見られる一般的な反応である。しかし、移民として強く感じるのは、マルチカルチュラリズムが公的な政策として認められているかいないかでは、暮らしやすさがまったく違うということである。マイノリティ民族グループの私たちがカナダで身の安全と人権を保障されているのは、政府がマルチカルチャー社会の実現を推進しているからに他ならない。

施行から一四年経った現在、マルチカルチュラリズム政策はカナダ社会の枠組を作り上げたように思う。マイノリティ・グループに属し、カナダに暮らした経験のある多くの人が、「他の国に比べるとカナダには人種差別は圧倒的に少ない」とコメントする。移民はもとより、ホモセクシャル(同性愛者)や身体に障害を持つ人たちなど、特定グループに対する差別的言動に対しては、厳しい法の制裁が待っているだけではなく、社会のあちこちで強い批難の声があがる。政治家の失言など絶対に許さない風土がカナダにはある。これは、言い換えれば、民主主義の価値が実際に社会のなかで実現されており、特に人権という価値が何よりも大切にされていることの証でもある。

その理由のひとつは、多くのマイノリティ・グループが存在するからである。そして、彼らの権利を保障するマルチカルチュラリズム法がある。思うに、マルチカルチュラリズム法の大きな意味は、マイノリティの声に正当性を与えたことだろう。そして、一部のマイノリティ・グループから声があがれば、必ず別のマイノリティ・グループが共鳴する。たとえば、先にも述べたが、現在問題になっているイスラム教徒、あるいはアラブ諸国出身者に対する移民差別に対し、日系コミュニティが声をあげたように、マイノリティ・グループの人たちにとって、他のグループの問題は自分たちの問題と映る。なぜなら、差別問題は時がかわればどんなグループにでも起こり得るからなのだ。

一九八八年、日系コミュニティはカナダ政府のリドレスを勝ち取ったが、この運動へは、先住民、中国系、ユダヤ系、ウクライナ系カナダ人などのエスニック・グループ、他のマイノリティ・グループからのサポートがあった。彼らは、この問題の本質に差別意識が潜んでいたことを見抜いたのである。

政府がマイノリティ・グループをマジョリティ・グループと同等に扱ってはいなかった一九〇七年、バンクーバーでは中国系、日系の住民に対して大規模な暴動が起こった。これは Asiatic Exclusion League（アジア人排斥同盟）という人種差別グループがアジア人をターゲットに、アジア人居住エリアで商店のガラスを割るなどの暴動を起こしたもので、これに対して政府はマイノリティの安全を保障するのではなく、逆に日本からの移民数を減らすという反応を見せた。*

しかし、現在は違う。政府はマイノリティのグループに対して人権を保障し、同時にマイノリティ・グループ同士の強い連帯がある。あるグループが差別のターゲットになると、必ずあちこちで非難の声があがる。このことは、マイノリティに属する私にとって、非常に心強いサポートであると感じられる。

移民のまちに暮らして

そして、もうひとつ、移民のまちに暮らすなかで、何よりもすばらしいことがある。それは、世界各国の人たちと知り合うチャンスに恵まれていることである。カナダに来るまで、自分の親友として日本人以外は考えられなかったが、今は違う。友情を通して、文化背景が違ってもお互いに心を通わせることができるのだと実感できた。

また、辛かった最初の二年間、私を助けてくれたのはペルーからの移民ホセであった。

彼はペルーの政治状況やペルーの人々の生活を話してくれた。フジモリ政府によって暗殺された弟、誘拐されたバンドメンバーの話。彼の話を聞いていると、いつもバルガス＝リョサの小説を読んでいるような錯覚を覚え、未知のペルー文化に触れるたびに、何か豊かになったような気がしたものだ。

こうして多くの移民たちと知り合うことで、文化が違っても共有できるものが本当にあるのだということを確信するようになった。このことは、何よりもパーソナルに私の人生を変えた出来事であったと言える。

先日、エチオピア料理のレストランでオーナーと話をしていたところ、一人でテーブルに座っていた男の人が会話に飛びこんできた。その人は、エチオピア出身のアメリカ市民で、前日カリフォルニアからトロントへ出張に来たと言った。カリフォルニアにもエチオピア人がいるかどうか尋ねると、彼の住むサンホセからベイエリアにかけてかなり大きなエチオピアン・コミュニティができていると言った。

私たちは移民としての体験をしばらく話しあった。そして、彼は最後に確固とした口調

＊Finding Our Way, Will Kymlicka, Oxford, 1998

でこう述べた。

「エチオピアにいたときは、人に会うと肌の色や人種、宗教や文化などの違いを見ていたが、カリフォルニアにきて以来そうした違いが意味のないことだと気づいた。外見的、あるいは宗教的、文化的な違いに覆い隠されてはいるものの、奥深いところにはみんな人間として共鳴でき、共感できる地盤があるんだと思う」

これこそ、私がカナダに暮らして最も強く感じていることである。移民の多い社会に暮らし、今まで不可能と思われていたことが実際に可能であることを身をもって体験した誰もが、彼の言葉に共感するのではないだろうか。こうした体験は、私たちの世界観をガラリと変えてしまうような重大な意味を持っている。

移民のまちでは、時々、驚くようなことが起こる。イライラするようなこと、そして望み通りにいかないこともしょっちゅうである。

車に乗っていると、時折、交通ルールを知らないのかと思われるような運転をするタクシードライバーに出くわすことがある。一度、タクシーを待っていたら、向こうからタクシーがやってきた。しかし、反対方向を走っていたのでガッカリしたのだが、そのタクシーは道路の真ん中で突然Uターンをして（それも大きな音を立てて）、私の前に止まった。出身国をそれとなく尋ねると、モロッコからの人だった。また、路面電車に乗ろうとするとき、後ろから押されるのには、今でも不快な思いをする。

また、ユダヤ系の知人はチャイナタウンで大きなトラックのなかに豚が吊るされているのを見て、ショックを受けたという。私は旧共産圏の国から来た移民が経営するお店の対応の悪さに今でも時折不快な気分になることがある。

トロントに住んでいれば、日常生活のあらゆるレベルで、誰もがこういった体験をしているはずである。しかし、だからといって「だから移民はいらない」、「移民は不快だ」といったような意見を主張したりはしない。また、(昔のヨーロッパ人のように)「彼らは奇妙なものを食べている」とか「変なダンスをしている」とは言わない。これが自分の住む国、カナダという国なのだから。

移民が試行錯誤のなかでカナダの価値や文化を学んでいる間、一方ではカナダ生まれのカナダ人を含むカナダ社会のメンバー全員が、「寛容さ」、そして「妥協」というレッスンを課される。

繰り返しになるが、マルチカルチュラリズムという(むしろ観念論的な)政策がパーフェクトな成功を収めることができるというのは幻想に過ぎない。なぜならば、マルチカルチュラリズム政策が成功するためには、そこに暮らす国民一人ひとりが完璧であらねばならず、残念ではあるが不完全な人間にそんなことは不可能だからである。成功のかわりに私たちが最大限期待できるのは、妥協である。カナダに暮らす人たちは、一人ひとりが生活の中で向き合わねばならない妥協という大きなレッスンを与えられている。そして、「寛容さ」こそ、困難なこの実験のなかで、妥協を導き出すために、カナダ人が苦心して探し出したカギであった。

カナダの「マルチカルチュラリズムの実験」は、妥協の連続であるといってもいいだろう。言語、宗教、異文化、そして生活習慣など、自分とは違った価値観に対する寛容さは、多文化共存社会で上手に生きていく唯一のサバイバルツールなのだ。たとえば、トロントに住む人たちの多くがアクセントのある英語を話すが、それに対して目くじらを立てていては生活が進んでいかない。あるいは、さまざまな宗教が課す約束事に対してもお互いが歩みよらねばならない。

以前、ＲＣＭＰ（Royal Canadian Mounted Police）というカナダの警察官の制服について国民的議論が起こった。ＲＣＭＰオフィサーのひとりがシーク教徒であったため、ＲＣＭＰの制服である帽子を被るためにはターバンを取らなければならなかった。ターバンの着用はシーク教徒の証であるが、ＲＣＭＰには制服の一部として山高帽のような帽子の着用が義務付けられている。ターバンと帽子を同時に着用することは不可能で、宗教的自由と規則というふたつの側面から議論が分かれた。そして国民的論議の末、例外的にターバン着用が許可された。

最近では、シーク教徒の生徒が学校へ「カーパン（kirpan）」と呼ばれる小型ナイフを持ち込むことを許可すべきか、ということが問題になっている。この小型ナイフは、シーク教徒に常時携帯を義務づけられている宗教的シンボルである。ここでは、学校における生徒の安全性と宗教的自由という、どちらも民主主義社会になくてはならない価値が秤にかけられている。

また、州によっては自転車に乗る際にヘルメット着用を義務づけている州があるが、シーク教徒のターバンについて議論が続いている。マルチカルチュラリズム政策がなければ、こうした場合、マイノリティの宗教的、あるいは文化的価値がこれほどまで重要視されることもないと考えれば、政策が私たちの社会に与える意義の大きさを改めて感じることができる。

カーパンに関しては、刃を持たない木製のカーパンをつくってその持ち込みを許可するといった妥協案が出ている。学校側と宗教代表側が話し合うなかで、どちらもが少しずつ譲歩しあって妥協案を探すという姿勢は、カナダ社会によく見られる解決法である。Cultural sensitivity（文化的配慮）という言葉の意味は、この国では非常に重い。

仮に、今回、自転車走行時のターバンが認められなくても、近い将来、認められるか、または双方が妥協できるような決定が出ることになるだろう。

第X章　カナダ国籍を選択する理由——移民から市民へ

グローバライゼーションが加速するにしたがって、人の自由な流れが国家のあり方を変えつつあると言われている。国境を越えたコミュニケーションや接触が今まで以上に容易になり、結果として異民族間の結婚は増える。彼らの子どもは、Third Culture Kid と呼ばれ、両親の国籍や血統にこだわらない新しい人種が新しい文化をつくっていく。そうした現実を目の前にしていると、国籍はもはや設定されたものではなく選ぶものという認識が一般化する時代の到来も、そんなに遠いことのようには思われない。

最後にこの章では、複数のロイヤルティを持つ時代がやってきている現実と、そうした現実のなかで国籍の意味、そして国籍の選択という面から将来の世界についても考えてみたい。

国名が汚名になるとき

カナダ人は海外旅行に行く前に、バックパックにメープルの国旗をかたどったワッペンを縫いつける。理由はアメリカ人と間違えられないためである。イスラエル寄りの外交政策のため、中東で印象の悪いアメリカと比べ、カナダから来たとわかれば、だいたい世界中どこでも対応がいい。九・一一事件以降は、あの愛国心のかたまりのようなアメリカ人がメープルのワッペンをつけているとも聞く。特定の国家や民族に敵対的な外交政策を取っているアメリカの国民は、海外では肩身の狭い思いをすることがあるようだ。肩身が狭い。

私もそういう思いをしたことがこれまで何度もある。特に一度や二度話をしたような人との間で、日本人だというだけで非難されたことがある。

なかでも、最も後味の悪い思い出になっているのが、中国の楊州で酔っ払いのイギリス人にからまれたときのことである。彼は、私が日本から来ているとわかると、お酒臭い息を荒くしながらこう言い放った。

「よく中国に日本人が来られたものだね。日本が以前中国に何をしたか知ってるか？　南京で何が起こったか知ってるか？　日本人は歴史を学ばないそうだから何も知らないんだろう」

私は即座にこう切り返した。

「それじゃあ聞くけれど、イギリスが中国で何をしたかそっちこそ知ってるの？　中国人を阿片漬けにしようとしたのは誰よ？　それに、イギリスはアルゼンチンで何をした？　インドでは？　アフリカでは？」

しかし、そうした無意味な言い合いをしながら、虚しさがあった。酔っ払いを相手にこうしたセンシティブな話題を話している、その虚しさもあった。しかし、それ以上に自分の国がそうした侵略行為をしたことに私自身、怒りを感じていたにもかかわらず、相手のイギリス人が、まるで侵略をした日本人のように私を扱う、そのことが虚しかったのだ。

自分の祖国がそうした侵略行為をしていなかったら。あるいは、せめてその侵略行為を政府が謝罪しようとする姿勢を見せているなら！　日本人として海外に出るのは何てつらいのだろう。

もし、そのとき、夫がテーブルにやってきていなかったら、私とその酔っ払いのイギリス人は怒鳴りあいをしていただろう。

カナダでも同じような嫌な思いを味わったことがある。

トロントに来て間もなく、英語の学校へ通い始めた。クラス分けが終わって、割り当てられた教室に行くと、そこには世界中からやってきた学生たちが集まっていた。中国、韓国、台湾、タイ、スイス、ベネズエラ、ブラジル、コロンビア、メキシコ、そして日本人の私。さっそく出された課題は、まわりの四人ほどでグループを作って自分の国で最も重要な祝日について説明しあう、というものだった。私は韓国人、ベネズエラ人、メキシコ人のグループのなかに入った。名前と出身国を簡単に紹介した後、韓国人の学生が直ちに、韓国で最も大切な祝日は日本の植民地支配が終わった独立記念日だと切り出した。そして、日本の侵略がどんなに残忍であったか、韓国の女性たちが従軍慰安婦としてどんな恥辱を受けたか、戦後も日本政府はその補償に乗り気ではなく（彼女は日本の首相による靖国神社参拝の意味、歴史を否定するような日本の教科書のことについても語った)、高齢化が進む生き残りの犠牲者たちが早く死んでしまえばいいといった態度を取っている、と語ったのである。それを聞きながら、日本人として日本を擁護したい気持ちもあったが、同時に靖国問題や教科書問題については否定しえない事実であることも知っていた。胸をえぐられる思いで彼女の説明を聞くのは辛かった。

あとで、メキシコ出身のロドルフが私にこう言ったものだ。

「日本人とドイツ人は共通して過去の汚名(スティグマ)を着せられているね」

スティグマ。その言葉を一生忘れないだろうと思いながら聞いていたものだ。

その日、帰ってきて夫にそのことを話しながらこう尋ねた。

「今まで、海外でカナダ人として肩身の狭い経験をしたことがある?」

彼はきょとんとしたような顔をして、

「ないと思うよ」

と言った。そうだろう。もちろん、カナダ人は先住民との戦い以外、近代史において帝国主義のような海外侵略をしてはいないのだ。歴史が浅いということもあるだろうが、カナダは比較的クリーンな国なのである。

「私は日本の外に出ると苦労することが多いのよ。日本に対する非難を個人的に浴びせられるようなことが何度もある。あなたの国はクリーンだからきっとそんなことを心配する必要もないんでしょうね。カナダ人っていいわね」

夫はどこの国もそれぞれ汚名を着せられているといって私をなぐさめようとしたが、そんな言葉は空しく響くだけだった。

「カナダの市民権を取ろうかな」

私は冗談でそう言った。そして、心のなかで思った。

「まさか。日本の国籍を捨てるなんて」

日本は二重国籍を認めていないのだ。それに、私は日本に生まれたんだから。心のなかでそう思った。

カナダが国際的リーダーシップを発揮するとき

平和維持活動（Peacekeeping Operation）、人権擁護活動、マルチカルチュラリズム。これらは、カナダ人が自分たちの国を表現するときに使う言葉である。国際政治学者のジョセフ・ナイが述べているように、国のパワーを測る経済力、軍事力、人口などのインデックスではランキングの低いカナダは、その割には国際政治において強い影響力を持っている。[*]このことは、カナダが人権問題や民間外交などの面で強いリーダーシップを発揮するソフトパワーの国であることを裏付けている。カナダの外交政策を特徴づける事例をここで少しあげてみたい。

カナダが国際社会における自らの立場を「ミドル・パワー」として打ち出したのは、一九五〇年代ごろからであった。このころから、カナダのイメージは次第に今のイメージに近づいていく。

国連平和維持軍は、一九五六年のスエズ運河危機の時、国連事務総長のハマースキョールド（D. Hammarskjold）とカナダの当時の外相レスター・ピアソン（L. Pearson）の尽力によって設立されている。国連平和維持軍創設の根底にある思想は、ある国で著しい人権侵害や闘争が繰り広げられているとき、それは国際秩序の混乱、そして全人類にとっての

*Understanding International Conflicts, 3rd Ed.Joseph S. Nye, Jr. Pearson Education, 2000

原則である「人権」の侵害なのだから、ただ傍観するのではなく、国際社会の一員としてそれに対処しようという考えである。したがって、平和維持軍の派遣は国際社会への人道的支援という意味合いが強い。平和維持軍構想によりノーベル平和賞を受賞したピアソンの名は、今もカナダ人が自分の国を連想するとき、まっさきに頭に浮かんでくるカナダ人の名前である。

さらに、カナダは世界各国から積極的に移民や難民を受け入れているが、それは単に人口や労働力の維持といった経済的理由のみならず、カナダのアイデンティティとなっている「人道的支援の伝統」を守るためでもある。国際社会への貢献、人道的支援の伝統というふたつの大原則を掲げるカナダの移民・難民政策は、民族対立や内戦によって生じた難民を国際社会が放っていてよいはずがない、という基本的考えに基づいている。国際紛争に軍隊を送るよりは、その紛争で犠牲になっている人たちを自分たちの土地に受け入れるという支援の仕方を選んでいる。ここにも、平和維持軍の派遣と同様、人権擁護や国際社会の一員としての責任を尊重するカナダ外交の一貫した姿勢がうかがえる。

こうした努力が報われて、一九九六年にはＵＮＨＣＲ（国連難民高等弁務官事務局）によって難民保護への褒賞であるナンセンメダルを、全国民としては初めて授与されている。

アメリカ、オーストラリア、カナダという三大移民大国のなかでも、カナダの移民政策は申請者に最も寛大である。カナダ国境へ到着した難民・亡命申請者は、必要書類がないといって門前払いされることはない。拘留は稀で、その際には判決者による承認を伴う書類が必要になる。*強制送還には、少なくとも二件の前科が必要である。そればかりではなく、移民・難民評議会による結果が出るのを待つ間、月に約五二五ドルの福祉手当、医療費が保障される。

こうした寛大な移民・難民政策は、難民・移民取締りに厳しい隣国アメリカとは対照をなす。メキシコやカリブ海諸国からの不法移民に手を焼くアメリカでは、亡命希望者、難民申請者は、自動的に収容所に拘留され、最近では一九九七年に施行された悪名高い expedited removal（簡略的に申請者を拒否することを許す規則）によって、必要書類を持た

＊追記：二〇〇二年一〇月、カナダ移民局はアメリカ政府からの強い要請に負けてこれを変更した。現在、難民申請者は母国から書類が取り寄せられるまで拘束されている。しかし、これまで書類を取り寄せたすべての難民申請者にテロリストが一人も含まれていないことから、人権擁護グループなどはこの制度の改善を求めている。

ない申請者は審査の機会さえ与えられず強制送還されるようになった。実際、ハイチからの申請者の多くが強制送還されている。[*]

また、カナダはつねに国際法の遵守、人権に関する国際的な条約や取り決めといった、人権に関する交渉においてリーダーシップを発揮している。子どもの人権に関する条約、また、最近ではICC（国際刑事裁判所）設置へ向けて尽力した。

しかし、こうした取り組みは政府に限られているわけではない。たとえば環境保護に強い取り組みを見せているグリーンピース、国境なき医師団などのカナダを発祥とするNGOは、シビル・ソサエティの可能性を全世界に示している。二〇〇二年にダーバンで開かれた世界貿易機構（WTO）会議では、国境なき医師団とカナダ政府が、アフリカで拡大するHIV／AIDS患者に安い薬を提供できるよう、特許に関係なく一般ラベルで薬を提供するように求めた。このように、政府のみならず、NGOや市民社会をひっくるめたカナダの「人権保護」の姿勢は、国際社会の場でカナダの名を広める要因となっている。

さらに、カナダにおける暮らしやすさはどうであろうか。

ユネスコの「世界の暮らしやすい国」ランキングを見ると、カナダはつねに上位に位置している。ここ数年はスカンジナビア諸国にベストの地位を譲っているが、カナダは過去一九九二年から一九九六年まで四年連続でナンバーワンに選ばれている。このランキングは、経済力だけでなく、教育の質や福祉、医療費や休暇など生活の豊かさを示す指標をもとにして測定される。

トロントに暮らしていると、やはり暮らしやすさを実感する。ここで、暮らしやすさの前提として私が置きたいのは、人権保護と公正さや社会正義（social justice）といった民主主義の原則が、社会の基盤になっているかどうか。これらの指標は、すべての社会的インフラの基本として、特に女性でマイノリティ・グループに属している私としては気になる。

先日、国連ランキングで、先進国のなかで日本は女性の立場が最も低いという報告を読んだ。日本と海外で働いたことのある人には明らかである。なかでも、職業選択にあたり、日本ではまるで当たり前のように課せられている「年齢制限」がないことは非常にありが

＊これは、人権保護団体などから著しい人権侵害だとクレームが出ているが、アメリカ政府は耳を傾けないばかりか、最近の「War against Terrorism（テロに対する戦争）」のキャンペーンにより、この傾向はますます厳しさを増している。

たい。履歴書に写真の貼りつけ、性別や年齢の明記を要求することは、カナダでは違法である。そして、そのことは、多くの女性が何度もキャリアを変えたり、学校に戻ってスキルを獲得してキャリアアップを図ったりと、より自由な職業の選択を可能にしている。女性の立場が高い社会では、たとえばマイノリティの人たちや身体に障害のある人、あるいは同性愛者などの立場も高いと考えてほぼ間違いないだろう。

同性愛者と言えば、以前は職業差別や結婚差別の対象となっていた彼らへの理解も高まり、同性愛者の権利や同性愛者カップルの結婚を認める動きも加速している。二〇〇一年には、カナダ政府は同性愛者のパートナーを家族の一員として呼び寄せることができる移民法を可決している。オンタリオ州では、同性愛者カップルの結婚は数年以内に認められることになっている。この傾向がカナダ全土に広がるのは時間の問題であると見られている。

選ぶ国籍、選ばれる国……選択肢としての国籍

「カナダの市民権を取ろうかな」

あの会話から数ヶ月後、ある日テレビをつけたら、市民権取得の儀式の様子がテレビに映し出されていた。さまざまな文化的背景を持つ人たちが、カナダの国歌「O Canada」を歌っていた。彼らの希望にあふれた表情、そして多様性。国民としての義務を国に約束し、同時にカナダに忠誠を誓う。誰か知らないが、フォーマルな服装の女性が出てきて、「おめでとうございます」と言ってスピーチを始めた。

「約三十年前、私もまた今日のあなたがたと同じようにカナダの市民権を獲得しました。カナダは私に色々なものを与えてくれました。安全な暮らし、夢の実現など、母国ではとうていかなえられなかったことを、この安全な国で得ることができました。あなたがたも、出身国でいろいろな辛い目にあってきたことでしょう。しかし、カナダは民主主義の国です。そして何よりも多様性を含めば含むだけ、よりよい社会がつくられています。あなたがたがこれからこのカナダ社会の一員として、新しいカナダをつくってくれるよう願っています」

思いがけず、その言葉に耳を傾けている人たちの表情に胸を打たれた。彼らはカナダを自分の祖国として選び、その儀式の場でカナダへのロイヤルティを誓おうとしていた。

その後、脳裡にその映像が焼きつき、国籍についていろいろな考えがめぐった。生まれた国から自分の将来を託すことのできる国へと移行する。それは何かとても不自然なことに思われたものだが、あの映像を見た後、その考えが少しずつ変わっていったように思う。民族や人種を変えることはできないが国籍を変えることはできる。国籍選択の機会は、今後ますます増えて行くのではないだろうか。

The Globe and Mail 紙の裏面には、「Lives Lived」と称するコラムがある。この小さなコラムには、亡くなった人の人生が彼らを愛する家族や友人によって綴られる。彼らの多くが普通の市民である。主婦のかたわらボランティアに精を出していた女性、地域の活動に尽力した看護婦、森林に一人暮らしていた無名の詩人など。東ヨーロッパ出身でホロコーストを生き抜いた人のストーリー、イデオロギー的理由により移民を決意した旧ソ連圏の人たちのストーリーなどは、まるで小説の題材にでもなりそうな波乱万丈の人生を語っている。毎日それを読み続けていると、カナダという国が移民の国なのだという実感がわいてくる。

なんと多くの人が海を越えてカナダにわたってきていることだろう。状況は違うにせよ、彼らは同じように祖国を後にし、カナダを自分の国として選んだのである。たとえば、今日の新聞には、祖国のモンテネグロで大学を終えられなかったという人の話があり、彼はカナダでは炭鉱労働、工事現場など、ありとあらゆる肉体労働によって家族を支えた。これは、ほとんどの移民が通る道である。そして、よく見られるのが、「彼（父）は、新しい人生のチャンスを与えてくれたカナダという国に感謝していました。そして、カナダ人であることが何よりも誇りでした」というフレーズである。

私のごく身近にも同じような人がいる。旧ユーゴスラビアからの移民、夫の父親ミロである。ミロの祖父は考古学者、父は聖職者で、小さい頃にはロンドンで教育を受け、のちにユーゴスラビアでは弁護士の資格を得ようと大学に入った。しかし、チトーの社会主義や徴兵制度や全体主義的な思想にうんざりし、そこに留まっても真の人生はないと心を決めた。凍傷の危険と隣り合わせでウィーンまで徒歩で国外脱出を図り、ウィーンでカナダ入国のビザを得ると、同じような決心を固めた若者たちとブレーメン港を立ちカナダへわたった。カナダに着いてからは、洗車や清掃などの低賃金労働で苦労して生活を支え、人生の後半になって、銀行の人事部長として自分の才能を社会に貢献することができた。

「大変だったでしょう?」と聞くと、それでも自分は幸運だったと答える。とにかく徴兵制から逃れられたし、ユーゴスラビアに留まっていれば表現の自由どころか生命まで危険にさらされていただろう。それに、幸いロンドンで英語を習得していたため言葉に問題はなかったし、若くて丈夫な体もあった。カナダという国はさまざまな国からやってきた人たちと出会う機会も与えてくれた。フィンランドからやってきた移民の親友ヤルモにも出会えた。そして子どもたちにも徴兵制のない自由主義教育を受けさせることができた。だから、結果的にカナダに移住して正解だった、と断固とした態度で語った。

ミロは移民のなかでも明らかに「カナダ人であることが誇り」のタイプで、生まれ育ったユーゴスラビアへの忠誠心は完全に捨て去っている。ミロシェビッチやユーゴスラビア政治には誰よりも批判的である。多くの移民と同じように、ミロは偶然に生まれたユーゴスラビアではなく、カナダを自分の祖国として選んだ。そして、カナダ人としての誇りは人一倍強い。だからこそ、外部が強制的に貼りつけようとする「ユーゴスラビア系カナダ人」というレッテルに対しては我慢がならないようである。死の危険を犯してまでこの地に辿りつくことを選び、人生の大半をカナダに暮らした人たちにとっては、カナダこそ自分の祖国なのである。

自分の生まれた国に暮らしていると、国民の義務や責任といったことに無関心でいられる。しかし、自ら望んである国の国民になろうとした場合、その国が自分と自分の家族に対して人間として生活するうえで最低限の保護、そして人権の保護をしてくれるか、あるいは政治システムは信頼できるのか、将来にわたって経済的繁栄を継続できるか、そうした項目をしっかり見極める必要がある。そうした項目が満たされたとき、自分の置かれている状況と比べて国籍の取得を決意する。そう考えると「移民の国」というのは、別の言葉で言えば「選ばれた国」であるといえよう。新しい国での暮らしがより劣ると目安をつけて移民を決意する人などいないのだから。

同時に、こうして移住を決意した移民のなかには、国民としての非常に強い義務感、責任感をもっている人たちがいる。彼らは、権利と義務をバランスよく使いながら、積極的にコミュニティにコミットするアリストテレスの描いた市民を思い出させる。特に、エスニック・マイノリティグループのリーダーたちのなかには、コミュニティのリーダーとしてのみならず、社会正義の実現を推進する社会的リーダーとしてカナダ社会のなかで活躍する人たちが多く見られる。

マルチカルチャー……将来の世界像に向けて

グローバライゼーションという言葉を使うまでもなく、世界中の人たちはより自由に国境を越えるようになる。そうなると、さまざまな国の人たちが草の根レベルで交流をはじめる。

この本を書きながら、マルチカルチャー社会を考えると将来の世界像が見えてくるような気がした。その像を描いてみると、こんな風になるだろう。

- より多くの人たちが国籍や住む国を選ぶようになる
- 独裁主義、権威主義を基盤とする国家はますます国際的孤立を深める
- 知識、スキル、財産を持つ人たちはより自由に国境を越える
- 異民族間結婚が増え、その結果として混血のヘリテージを持つ人たちが増える
- 発展途上国はもとより、多くの国では、深刻なブレイン・ドレイン（頭脳流出）が起こり、教育、スキルをもたない人たちが比較的、国に残る
- 国はもはやエスニシティによって定義されず、その理想や将来への展望によって選ばれるようになる

異民族間結婚はますます増え、○○系××人という呼び名さえ役に立たないほど混血が進み、ある特定の国にアイデンティティを持つのではなく、アイデンティティや国籍すら複数化していく。一方では、自分の生まれた国を捨てて、新しい国へ将来を託す国籍の移動も増えていく。たとえば、私たちは、ある会社に就職し、その組織の官僚主義的な体質や非効率な仕事の仕方を目の当たりにすると、職を変える。未来への展望がない場合、私たちはそこに留まろうとはしない。それと同じような国籍の選択が行われるようになるかもしれない。

そのとき、国家が存続、あるいは繁栄するには、選ばれる国家になる必要がある。賄賂や汚職が蔓延する不透明な政治体制をもつ国には誰も住みたいとは思わないだろう。全体主義、独裁主義、人権に配慮しないような国家に、誰が忠誠心を置きたいと思うだろうか。

私には、なぜ年間一五〇を越える国から、こんなに多くの人たちが海を越えてカナダへとやってくるのかが分かるような気がする。その理由は、楽観的な経済的展望にのみあるのではない。それは、カナダが将来の勝者になりえるからである。

イギリス人のなかには、クリケットの仕方を知らず、紅茶の味わい方を知らない移民が増えると、イギリス人のアイデンティティの崩壊につながると懸念する人たちが多いと聞く。先にも述べたが、ドイツでは、九〇年代の後半までドイツ人の血を引かなければ市民権を得られなかった。たとえ、流暢なドイツ語がしゃべれても、長くドイツに暮らすトルコ人はいつまでたっても「ゲスト・ワーカー」である。一方、ドイツ語がまったく話せず何十年も海外で暮らしていた人が、ドイツ人の血を引くという理由だけで簡単にドイツの市民権を得ることができた。

国民としてのアイデンティティとは、伝統的には血統であったり、文化や伝統であったりするが、カナダの場合はかなり異なっている。カナダ人は、カナダ人のアイデンティティを問われれば、「異なる文化に寛容であること」と答える。世界中に国境を開き、民主主義の価値を共有できるなら民族や人種にかかわらず誰もが歓迎される。こうした国に、自分の、そして自分の愛する家族の将来を託そうとする人たちが増えているのは、何も偶然ではない。

再び二〇〇二年のワールドカップサッカーの話題に戻るが、私はゲームよりも、選手の人種や民族にむしろ興味を持った。フランスやイギリスのチームには、数人のアフリカ系選手が見られた。それは、フランスとイギリスの帝国主義の歴史を反映したような光景だった。しかし、南米系やアジア系の選手は見られないようだった。

仮に今回のワールドカップにカナダが出場していたら、どんなチームになったのだろう。比較的若い人たちが選手になるのなら、おそらく、さまざまな人種が入り混じっただけではなく、混血の選手たちも混じった、カナダならではのチームができあがっていたにちがいない。

トロント大学のジャニス・シュタイン教授は、あるコースでカナダの移民政策について述べたあと、自分の祖母がホロコーストの生き残りであることに触れ、最後にこうコメントを加えた。

「世界には、行き場を失った人がたくさんいます。彼らが人間としての権利を保障される場所を、カナダはこれまで通り提供していく必要があります。それに、今後、先進国の経済を左右するカギとなるのは、世界中のスキルを持った移民をどれだけ獲得できるかです。近い将来、極めて深刻な移民獲得競争が訪れるのは目に見えていますが、そのとき、たとえば日本はどうするのでしょう。これから増えていく高齢者人口を誰がどうやって支えていくのでしょう。移民政策は政府にとって緊急の課題です。カナダにとっては、今まで通り経済を支えるため、そして、エネルギーに満ちた新しい人たちの国をつくっていくために、移民の受け入れは不可欠です」

これは、カナダ政府の公式な見解であるとともに、学者や経済人のみならず、カナダ人一般が同意する言葉である。政治と経済には勝者と敗者が出るといわれる。勝者となるのは、つねに将来の動向を見極める冷静な視点を持った国家である。ロイヤリティが複数化し、新しい世界の秩序が求められるとき、カナダのマルチカルチュラリズムはお手本のひとつとされるに違いない。

終章

夏になると、トロントの人たちは、カフェやレストランのパティオでまぶしい陽射しを浴びながらゆったりとした時を過ごす。そんな人たちに混じって、ある日、リトル・イタリーのカフェに腰を下ろし、通りを眺めていた。緑あふれる通りには、多彩な人種の人たちが行き交っていた。黒い髪をひとつにまとめたアジア系の女性、アフリカらしい明るい色のドレスを着た女性、ターバンをかぶった老人……。髪の毛の色、肌の色、ファッション、さまざまな人の姿が映る。それを眺めているうちに心のなかに小さな叫びが湧き上がってきた。

I just love it!

自分の住む町が、世界を凝縮したような多様性であふれていることに、時折驚嘆することがある。トロントにはとりたてて見るようなところも歴史的サイトもないが、この多様性こそトロントの人たちが誇りとするものであり、実際、それは感動的ですらある。

京都で働いていたころ、雑誌の取材に行ったエステティックのお店で、私を見るなりエステティシャンが開口一番、こう叫んだ。

「まあ、驚いた。いまどきそんな自然眉でまちを歩いている人はいないわ。眉なんて整えたことないんでしょう。ここで整えてあげるから、ちょっと座って」

そして、彼女はどんな眉が流行っているかを私に講義をしながら、テキパキと眉を整えてくれたが、帰りにすれ違う人たちを見ると、みんな同じ形の眉だった。そのとき、ホモジニアスの国に暮らす窮屈さを身にしみて感じたものだ。

今の私はとても自由に振舞っているし、とても自由に洋服をピックアップする。アクセントのある私の英語も、ここでは誰も気にしない。

誰も、誰かがヘンだなんて言えないのだ。みんな、それぞれ違っているのだから。

カナダ社会が目標として定めているのは、寛容さ、異文化に対する尊重と配慮、そして社会正義の実現である。そのことは、移民局や政府のドキュメントに繰り返し繰り返し明記されている。マルチカルチャー社会の実験は、こうした理念を実現する試金石であるとは言えないだろうか。というのも、マルチカルチュラリズムとは、人種や信条、出身地や文化的背景にかかわらず、一人ひとりの市民が同じように扱われ、同じように社会的権利を持つ社会、すなわち民主主義的社会の礎を築くプロセスであると言い尽くすことができるからである。

そう考えると、カナダという国が外交政策として、難民受入れや人道的支援という人権の尊重を主張する政策を海外で取っていることには、きちんとした整合性がある。カナダ政府は国内、国外へ向けて一貫したメッセージ「人権への配慮」をつねに送り続けている。

カナダに来て以来、この社会で起こる事件やそれらへの対処、政府の政策や国際社会での立場などを興味深く見ているが、ひとつだけはっきりと言えることがある。この国では、何よりもまず尊重されるのは人権である。

この本を書き始めたきっかけは、冒頭にも書いた通りであるが、私はこれまで三年間、トロントに暮らし、カナダのマルチカルチャー社会を半分外国人の目で見つめながら、いつもその先に祖国日本を見ていたような気がする。日本国憲法には、カナダが尊重する価値と同じ「人権の尊重、平等」が謳われている。しかし、その理念が真面目に受け取られているのだろうかと疑問を持ち始めたのは、カナダに来て、カナダ独特のマルチカルチュラリズム政策を知るようになって以来である。理念は、日常生活のなかでかなえられる小さなステップを踏み続けて行くことによってのみ実現されうるが、私の知っている日本社会では、その踏み石を置くべき当の政府の努力すらまったく見られなかった。

日本で、一体私は男性と同じように平等に扱われていたのだろうか。日本社会はマイノリティ・グループを平等に扱っていただろうか。どうして就職の際、年齢によって差別されるのか。インターネットに蔓延する差別的表現に対して非難の声がほとんど聞かれない日本。日本人でホモセクシュアルの友人は、日本の社会がいかに閉鎖的でマイノリティに対して排除的かを語ってくれた。彼のようなマイノリティにとっては、カナダのほうが住みやすいにきまっている。状況は、女性にとっても同様である。なぜ、ここ数十年、経済的に自立した女性が移民を決意するような状況が生まれているのか、日本の政治指導者たちは知っているのだろうか。

日本政府は日本人のブレイン・ドレイン（頭脳流出）を真面目には考えていないようだが、いったい、その先にどんなビジョンを日本の国民に示しているのだろうか。日本政府は、アイヌや在日朝鮮・韓国人、アジア系や中東系の労働者たちを他のマジョリティの日本人と平等に扱っているだろうか。白人に対する差別はないだろうか。どうして、AET（英語補助教員）として日本にやってきた日系アメリカ人が他の白人たちと違って差別的に扱われるのか。世界第二位の経済力を持つ日本が、難民受入れや海外での人道的支援に消極的な姿勢を、どう理解したらいいのだろう。カナダの年間難民受入れ数が一万三三四〇人、一方で日本は二六人（二〇〇一年度）という数字を見て誰が愕然とならずにいられようか。

最大の問いは、いったい日本はどこへ行こうとしているのか、という問いである。私は経済目標や年金のことについて問いかけているのではない。いったい、どういう国を作り上げていこうとしているのか、その理想やプランがまったく見えてこないのである。理想のない国は、前に進むかわりに、お茶を濁しながら過去の遺産にしがみつくより他ない。そうした国の国民に愛国心やプライドを求めることは不可能である。

日本は、世界のなかで孤立しつつある。日本にいるときは気が付かなかったが、マイノリティになって初めてそのことに思い至った。日本の排他主義はそのあらわれである。移民や難民に対する国際的義務を果たさず、国内のマイノリティに正当な権利を与えない。

ＯＥＣＤ諸国のなかで、そんなことを平気でできる国が他にあるだろうか。
世界における孤立は、国家としての尊厳、経済、国民のアイデンティティ、文化、そして日本人の精神性にどのような影響を与えるのかを考えてみる必要がある。グローバライゼーションが進み、国境の意味が薄くなっていく現代、日本はこうした国民に蔓延する問題に対処しないどころか、多くの人たちが現状から目をそむけている。この状況は外から見ていると異常であるとしか思われない。

近い将来、日本が移民や外国人労働者を社会のなかに取り込んでいく必要に迫られたとき、カナダのマルチカルチュラリズムは豊かなサンプルを提供してくれるに違いない。いつになるか分からないが、その時は必ずやって来る。

一方では、世界中の国々が移民を受け入れている現在、国に見切りをつけることも可能である。魅力のない国に留まる必要はない。特に若い人たちにとっては、自分の暮らす国が信用に値するかどうかを見極めることが、今後より重要になってくるだろう。よい社会というのは、自分がマイノリティとして暮らしたとき、それでもよい社会であることを基準に測ればよい。

他の国同様、カナダ社会も人種差別問題、犯罪、教育などさまざまな問題を抱えている。

ただし、この国の政府、社会は信頼に値する。民主主義の基本原則である人権が保障され、マルチカルチュラリズムという社会の枠組みと将来のビジョンを具体的に示しているカナダには、今日も世界各地から移民が到着している。

幸いにも、自分の未来を託せる国を選ぶことのできるチャンスが掌中にあることに感謝したい。

あとがき

二〇〇三年三月に始まったアメリカによるイラク侵略は、アメリカと強い関係をもつカナダ社会に大きな影を落としている。カナダ各地で大規模な反戦運動が行われている一方で、アメリカの「Coalition of the Willing（有志連盟）」に名を連ねることを拒否した政府を批判するアメリカへのサポート運動も見られている。

先日、アメリカのサポート運動を伝えるテレビのニュース報道を見ていたところ、反戦運動側の人（おそらくイラク系カナダ人）とアメリカのサポーターが論争となり、「そんなにカナダが嫌いなら、自分の国へ戻るがいい」という声が聞かれた。そして、翌日、ラジオを聞いていると、視聴者からの電話メッセージを紹介するコーナーで、その暴言に対する批判の声が次々と上がっていた。カナダ社会では、他の社会と同様に不寛容が見られるにしても、さまざまの立場の人たちが暮らす多層的社会ゆえに、暴言や失言に対して方方から声があがるという民主主義的土壌がある。それこそがマイノリティとして暮らす筆者が「マルチカルチュラリズム」というアイデアに引きつけられた根本的理由である。

マルチカルチュラリズムの実現を目指すなら、人権問題に盲目ではありえない。拙著が社会正義の追求を目指し、日本社会の風通しをよくしようと尽力している人たちに読まれることを切に望む。

以下、カナダ人作家によるマルチカルチュラリズム論の代表作を挙げておく。

- Finding Our Way —— Rethinking Ethnocultural Relations in Canada ——, Will Kymlicka, Oxford University Press, 1998
- Selling Illusions —— The Cult of Multiculturalism in Canada (revised and updated), Neil Bissoondath, Penguin Books Ltd., 2002

「はしがき」を寄せていただいた鹿毛達雄氏は、筆者が深く尊敬するバンクーバー在住の人権アクティビストである。社会の不正義に最も早い警鐘を鳴らし、エスニック・コミュニティの枠を越えて活動する氏の姿勢は、「はしがき」にも顕著に見て取れる。ここに、筆者の心からの感謝を記したい。また、無名の筆者によって書かれた原稿を読んでいただき、校正の際に正確な助言を与えてくださった編集者の徳宮峻氏、および出版の機会を与えていただいた社会評論社に心から感謝の意を表したい。同社の決断なしにこの本の出版はありえなかったが、そのことは筆者がこの本を書き終えた最後の瞬間に心に浮かんできた言葉である。また、最後になるが、筆者の執筆生活を支え、無条件にサポートしてくれた夫のピーター・スクリバニックにも感謝したい。

篠原ちえみ

二〇〇三年四月三日　トロントにて

篠原　ちえみ（しのはら・ちえみ）
京都で雑誌のライター、高校講師（英語）を経た後、1999年に結婚を機にカナダへ移住。以後、カナダの日本語新聞『ニュー・カナディアン』（現在休刊）、『日系の声』などに寄稿し、ライター、フリーランスの翻訳者として働く。2000年9月よりトロント大学（University of Toronto）にて政治学を専攻。

移民のまちで暮らす　カナダ マルチカルチュラリズムの試み

2003年6月15日　初版第1刷発行

著　者——篠原ちえみ
発行人——松田健二
発行所——株式会社社会評論社
東京都文京区本郷2-3-10
☎03(3814)3861　FAX.03(3818)2808
http://www.shahyo.com
印　刷——太平社＋P&Pサービス
製　本——東和製本

ISBN4-7845-1301-9　Printed in Japan

アイヌときどき日本人

宇井眞紀子 著

関東周辺に暮らすアイヌ民族を十年にわたって撮影。食べ、作り、働く日常の姿を伝える。日本のマルチカルチャーを考える契機となる写真集。

◆多文化主義を読む
——01

A5判・192頁
定価：2,800円+税
モノクロ・ダブルトーン

アメリカの中のアジア

田中道代 著

ニューヨークで十二年間暮らしたフリー・ジャーナリストが、アジア人の目を通して描くアメリカ社会の現実。アイデンティティを模索する人々の姿を紹介する。

◆多文化主義を読む
——02

四六判
232頁
定価：2,000円+税

◆多文化主義を読む
——03

北米インディアン生活誌

C・ハミルトン著

北米インディアンの戦士たちが語る、自然と暮らし、儀礼と信仰、狩猟と戦闘のアンソロジー。伝説の勇士たちのが、豊富な写真と注釈で現代に甦る。

四六判
408頁
定価：3,200円+税

ぼくのチベット・レッスン

長田幸康著

ダライ・ラマと会ったと思えば人気歌手を追いかけ、未解放地区に潜入しては駆け回る。若きチベット・マニアが綴る、軽快な〈秘境〉のレッスン！

◆多文化主義を読む
——04

四六判
240頁
定価：1,800円+税

◆多文化主義を読む
——05

アソシエーション革命へ

田畑稔他 編著

国家主義やナショナリズムを超えて、現実に即した変革のための概念〈アソシエーション〉。生活から文化、政治の局面まで縦横に協同するための基礎理論を展開する。

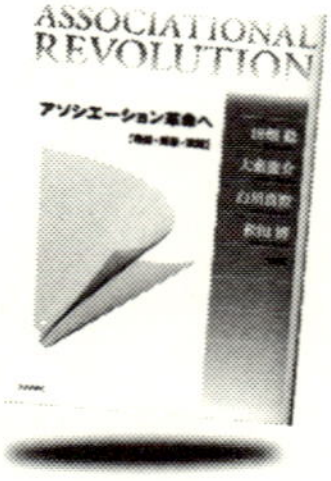

A5判
314頁
定価：2,800円+税